무엇을 위해 사는가

Healing the Purpose of Your Life
Dennis Linn·Sheila Fabricant Linn·Matthew Linn, S.J.

IMPRIMI POTEST:
D. Edward Mathie, S.J.
Provincial, Wisconsin Province of the Society of Jesus
February 24, 1998

Copyright © 1999 by Dennis Linn, Sheila Fabricant Linn, and The Wisconsin Province of the Society of Jesus.

Korean translation copyright © 2018 by ST PAULS, Seoul, Korea

무엇을 위해 사는가
– 삶의 목적 치유하기

초판 발행일 2018. 3. 30
1판 2쇄 2019. 6. 25

글쓴이 데니스 린 · 쉴라 린 · 마태오 린, S.J.
옮긴이 김인호 · 장미희
펴낸이 서영주
총편집 황인수
편집 손옥희, 김정희 **디자인** 송진희
제작 김안순 **마케팅** 이창항 **인쇄** 영신사

펴낸곳 성바오로
출판등록 7-93호 1992. 10. 6
주소 서울특별시 강북구 오현로7길 20(미아동)
취급처 성바오로보급소 **전화** 944-8300, 986-1361
팩스 986-1365 **통신판매** 945-2972
E-mail bookclub@paolo.net
인터넷 서점 www.**paolo**.kr
www.facebook.com/**stpaulskr**

값 13,000원
ISBN 978-89-8015-906-2
교회인가 서울대교구 2018. 1. 23 **SSP** 1058

이 도서의 국립중앙도서관 출판예정도서목록(CIP)은 서지정보유통지원시스템 홈페이지(http://seoji.nl.go.kr)와 국가자료공동목록시스템(http://www.nl.go.kr/kolisnet)에서 이용하실 수 있습니다. (CIP제어번호 : CIP2018008835)

이 책은 저작권법의 보호를 받으므로 무단전재와 무단복제를 금합니다.
이 책 내용의 전부 또는 일부를 재사용하려면 반드시 저작권자와 성바오로출판사의 동의를 얻어야 합니다.

Healing
the Purpose
of Your Life

무엇을 위해 사는가

삶의 목적 치유하기

데니스 린 · 쉴라 린 · 마태오 린, S. J. 글
김인호 · 장미희 옮김

차례

성령의 노래 _007

머리말 _009

1장　무의미함은 우리를 병들게 하고
　　　유의미함은 우리를 건강하게 한다 _021

2장　의미와 목적이 있는 환경 만들기 _035

3장　나의 봉인된 명령,
　　　곧 삶의 목적은 무엇일까? _057

4장　사랑은 봉인된 명령을
　　　수행할 힘을 준다 _099

5장 다른 사람을 통해 봉인된 명령을

　　　발견할 수 있다_115

6장 자연을 통해 봉인된 명령을

　　　발견할 수 있다_127

7장 상처를 치유하기_151

8장 성경과 전승에 나타난 봉인된 명령_167

그룹 나눔_181

이 책을 존 마태오 린에게 바친다.
네가 태어나서 정말 기쁘다.

성령의 노래

동아프리카의 한 부족에서 생일은 육체를 가지고 태어난 날도, 잉태된 날도 아니다. 이 부족에게 생일이란 엄마가 처음으로 아이에 대하여 생각한 날을 의미한다. 여인이 어떤 남자를 두고 그 사람이 자기 아이의 아버지가 되면 좋겠다는 생각을 하고 있다는 것을 알아차리면, 그 여인은 혼자 나무 아래로 가서 앉는다. 여인은 거기 앉아 잉태될 아이의 노랫소리가 들려올 때까지 귀를 기울인다. 마침내 그 노래를 듣게 되면 마을로 돌아와 아버지가 될 사람에게 그 노래를 가르친다. 사랑을 나눌 때 이 노래를 함께 부르며 아이가 그들에게 오도록 초대한다. 아이가 잉태되면 엄마는 자궁 속에 있는 아기에게 그 노래를 불러 준다. 또한 마을의 나이 든 여인들과 산파에게도 이 노래를 가르쳐 분만하는 동안, 그리고 아이가 태어나는 그 기적의 순간에 노래를 부르게 한다. 이렇게 엄마는 아이가 자신의 노래를 들으면서 태어나도록 환경을 만든다. 아이가 태어난 후에는 마을의 모든 사람들이 새 구성원이 된 이 아이의 노래를 배우고, 아이가 넘어지거나 다칠 때 불러 준다. 승리했을 때, 성년식과 같은 의식이 있을 때도 아이의 노래를 부르고 그 아이가 커서 결혼을 할 때도 부른다. 그리고 마침내 죽음의 자리에서도 사랑하는 사람들은 그의 곁에 둘러서서 마지막으로 그 노래를 불러 준다.

잭 콘필드[1]

---

1 Jack Kornfield, *A Path with Heart: A Guide Through the Perils and Promises of Spiritual Life* (New York: Bantam, 1993), p.334.

머리말

우리 친구 코너는 일곱 살짜리 아이이다. 어느 날 아침 식사를 하러 내려온 코너가 엄마 마리에게 말한다.

코너 엄마, 저는 정말 중요한 목적을 가지고 태어난 것 같아요.

마리 (5분 후 나가야 하므로, 코너가 화장실에 가고 싶은지 물어보고 싶은 유혹을 참으면서) 그래? 그게 무슨 뜻인지 엄마한테 설명해 줄래?

코너 음, 저는 어떤 중요한 이유가 있어서 태어났는데 그것이 무엇인지는 정확하게 모르겠어요. 하지만 그것 때문에 온 세상이 변할 거예요. 앞으로 제가 할 일 때문에 온 세상 사람들이 저를 알게 될 거예요."

마리 (급한 마음을 내려놓고 코너가 계속 이야기하기를 바라면서) 그 일이 과학이나 예술과 관련된 것이라고 생각하니?

코너 어떤 일인지는 전혀 모르겠어요. 하지만 그 일은 정말 중요하고, 그래서 제가 그것을 해야 하고, 그것을 하고 나면 세상은 더 좋은 곳이 될 거라는 걸 알아요."

마리 음, 그럼 아빠랑 엄마가 널 도울 일이 있으면 말해 주렴."

코너 (위층으로 올라가면서) "좋아요!"

코너처럼 우리 모두에게는 존재하는 각각의 특별한 이유가 있다. 우리에게 영감을 주는 스승으로서 성공회의 탁월한 신비주의자요 치유자인 아녜스 샌포드[2]는 "사람은 모두 하느님으로부터 봉인된 명령을 받고 이

---

2 Agnes Sanford, *Sealed Orders* (Plainfield, New Jersey: Logos International, 1972)

세상에 태어난다."는 믿음을 표현하려고 자서전의 제목을 'Sealed Orders'(봉인된 명령)라고 지었다. 처음 이 제목을 들었을 때는 마음이 편치 않았다. 그것은 마치 군대 용어 같았으며, 우리가 한 인간으로서 자유로울 수 없는 어떤 운명을 타고난 것처럼 들렸기 때문이다. 하지만 그 자서전을 읽으면서 제목을 통해 개인의 삶의 존엄성과 그 삶의 특별한 의미를 강조하고 있다는 것을 깨달았다.

아녜스 샌포드는 '봉인된 명령'을 받는다는 것은 마치 우리가 태어나기 전에 각각 어떤 고유한 목적을 가지고 세상으로 나갈 것인지에 관하여 하느님과 깊은 대화를 나누는 것과 같다고 말한다. 봉인된 명령은 군대처럼 복종만 하는 명령이 아니라, 창조주이신 하느님과 사랑에 찬 대화를 통해 우리 각자가 동의한 명령이다. 봉인된 명령이 특별한 것은 그것이 완수해야 하는 어떤 과제가 아니라 개인의 고유한 존재 방식이라는 점이다.

봉인된 명령은 바로
우리의 존재 방식을 의미한다

 우리 셋을 아는 사람들은 '작가'나 '사제', '치유자', '피정 지도자' 등의 말로 우리의 봉인된 명령을 설명한다. 이 말들은 우리가 하는 일이 무엇인지 말해 주며, 우리는 그것이 우리의 봉인된 명령의 일부라고 이해한다. 그러나 봉인된 명령은 무엇보다도 존재하는 방식을 의미한다. 예수회 사제 허버트 알폰소는 '개인 성소'personal vocation란 개인의 모든 행위를 살아 움직이게 만드는 '영'spirit이라고 말하는데[3], 이 '개인 성소'는 한 사람 한 사람의 고유한 존재 방식을 뜻한다.

 3장에서는 개인이 '하는 모든 것'을 생기 있게 만드는 '영 또는 특별한 존재 방식'에 관하여 설명할 것이다. 쉴라의 특별한 존재 방식은 '피조물의 선함을 돌보

---

3 Herbert Alphonso, S.J., *The Personal Vocation* (Rome: Centrum Ignatianum Spiritualitatis, 1992), pp.41-43.

는 것'이고, 데니스의 특별한 존재 방식은 '형제가 되는 것'이고, 마태오의 특별한 존재 방식은 어떤 일이나 상황 등을 '온전하게 만드는 것'이다. 저술, 치유 피정 등 우리가 선택한 일들은 우리의 특별한 존재 방식을 향상시키거나 그 존재 방식이 삶으로 표현되는 것을 돕는 역할을 한다. 이와 같이 우리의 행위는 봉인된 명령의 일부분이다. 우리가 혹시라도 다시는 책을 쓰거나 피정 지도를 할 수 없게 되더라도, 우리의 특별한 존재 방식은 변화하거나 사라지는 것이 아니므로, 우리 삶의 목적도 변함이 없다.

봉인된 명령은 우리 존재의 본질이다

우리는 봉인된 명령이 마치 지문처럼 개인의 특성을 나타내 준다고 믿으며, 그것이 정말 유전자 안에 새겨져 있는 것은 아닐까 의심하기도 한다. 봉인된 명령을 이해하는 데 가장 큰 도움이 되는 질문은 다음과 같다. '나는 이 세상에서 어떤 유일무이한 방법으로 사랑을 주고받도록 창조되었는가?' 진 휴스턴은 이것이 인간의 본질이라고 설명한다.[4]

> 여기서 '본질'이란 우리가 시간과 공간, 삶과 죽음을 초월하여 우리를 가장 높은 존재와 연결시켜 주는 숨어 있는 신, 본성 또는 영혼이라고 인식하는 인간의 속성을 의미한다.

우리의 본질 또는 이 세상에서 우리가 사랑을 주고받는 고유한 방법에 대한 질문은 데니스와 쉴라의 아들 존 마태오가 우리에게 오고 나서 새로운 의미를 지니게 되었다. 존은 우리가 이 책을 쓰기 시작하기 바로 전에 태어났다. 그를 품에 안은 우리는 그가 왜 태어났

---

4 Jean Houston, "Calling Our Spirits Home," *Noetic Sciences Review*, No. 32 (Winter, 1994), p.9.

는지 궁금해졌다. 이 아이는 다른 사람들과 어떻게 다를까? 이 아이만이 가진 특별한 재능은 무엇일까? 우리는 그가 자신의 삶의 특별한 목적을 이루면서 살아갈 수 있도록 어떻게 도울 수 있을까? 그는 어떻게 하면 할머니처럼 충만한 삶을 살 수 있을까?

86세인 존의 할머니는 정신적으로 기능이 상당히 떨어져서 무슨 요일인지, 옷을 어떻게 입어야 하는지 등을 모를 때도 있다. 그런데도 매주 한 번 아침에 미니애폴리스 도심에 있는 시민 문화 회관에 가서 자신과 나이가 비슷한, 학교에 다닌 적이 없는 남자에게 읽기를 가르친다. 존의 할머니는 데니스와 마태오 등 자녀에게 읽기를 가르쳤고, 1962년 데니스가 집을 떠나자, 학교로 돌아가 교사가 되었으며, 그 후 지금까지 가르치고 있다. 그녀의 봉인된 명령은 학습과 관련이 있고, 사람들에게 읽는 방법을 가르침으로써 학습할 수 있도록 힘을 실어 주는 것과 관련이 있음에 틀림없다. 그녀는 우리에게 자신이 죽으면 한 가지를 해 달라고 부탁했다. 그것은 자신의 학생인 프레드가 4학년을 마칠 수 있도록 도와줄 새 교사를 찾아 달라는 것이다.

어느 날 아침 우리는 친구 차르를 엄마, 곧 존의 할머니에게 소개시켜 드렸다. 그들은 다음과 같은 대화를 나누었다.

차르 교사셨군요.
엄마 교사였던 게 아니에요.
차르 아, 교사시군요.
엄마 그래요. 한 번 교사는 영원히 교사랍니다.

그날 엄마가 가르쳐야 할 수업은 없었지만, 차르에게 한 교육적인 응답에서처럼 교사라는 세상에서의 존재 방식은 엄마의 모든 말과 행동에 녹아 있었다. 교사로서 존재하는 것은 엄마의 삶에 의미를 부여했다. 그러면 이제 어떻게 하면 우리는 존 마태오가 여든여섯 살이 되었을 때도 이와 같이 의미 있는 자기만의 특별한 존재 방식을 발견하고 그 삶을 살아가도록 도와줄 수 있을까?

가장 중요한 것은
의미 있는 삶을 사는 것이다

 우리는 존이 상급 유치원에 가기 위한 준비로 시간을 보내거나, 더 커서 가장 좋은 대학에 진학해 나중에 많은 돈을 벌기 위하여 좋은 성적을 받으려고 전전긍긍하면서 살기를 바라지 않는다는 이야기를 자주 한다. 우리가 바라는 것은, 존이 매일 어떻게 하면 자신의 봉인된 명령을 잘 수행하고 자신의 특별한 재능을 인류를 위해 기여할 수 있을지 스스로에게 물어보는 것이다. 존이 그렇게 하면서 우리에게 도움을 청한다면 우리는 기꺼이 존을 지원할 것이다. 우리가 존에게 가장 원하는 것은 그가 의미 있고 충만한 삶을 사는 것이다.

 우리가 희망하는 것은 우리 각자가 받은 것과 동일한 자유, 곧 그만의 특별한 존재 방식을 가장 잘 표현할 수 있는 '일'을 선택할 자유를 존에게 주는 것이다. 예를 들면, 데니스와 내^(마태오)가 함께 치유의 사도직을 시작했을 때 관구장 신부는 우리에게 이렇게 말했다. "나는 당신들이 치유자가 되는데 어떤 교육이 필요한지 모릅니다. 하지만 어디에 가서든 당신들이 스스로를 준비하는 데 도움이 되는 것들을 찾아서 하기 바랍니다. 나는 예수회의 모든 자원을 동원하여 당신들을 도울 것입니다." 우리는 그의 말대로 치유에 관하여 배우기 위해 온 세상을 돌아다녔다. 20년이 지난 지금까지 우리는 40여 개 나라에서 피정 지도를 했고, 치유에 관하여 열여섯 권의 책을 썼으며, 여전히 우리의 사도직을 계속하고 있다.

나(쉴라)는 신학교에 들어갔는데, 신학교 교육은 학생에게 어떤 사람이 되고 싶은지 꿈을 꾸고, 그 꿈을 이루기 위하여 자기에게 적합한 교육 프로그램을 만들도록 격려한다. 입학 직후 나는 치유 기도에 관심을 가졌지만 그 주제와 관련된 프로그램이 없었다. 그래서 나를 안내해 줄 사람들과 접촉하였고 나만의 교육 프로그램을 만들었으며 학교에서 인정을 받았다. 이 과정은 학점으로 평가되지 않았다. 대신에 학기 말이 되면 학생들은 매 학기 동안 수행한 작업이 자기 삶의 목적을 위하여 어떤 도움이 되었는지 토론하기 위해 전체 교수진과 개인 만남을 가졌다.

우리는 존에게도 이와 유사한 환경을 만들어 주어, 학점이나 금전적인 성공을 주요 관심사로 가질 필요 없이, 자유롭게 자신의 특별한 삶의 목적을 추구할 수 있도록 도와주고자 한다. 하느님은 적어도 우리가 존을 사랑하는 만큼은 우리 각자를 사랑하시지 않을까? 우리가 이렇게 존이 의미 있고 충만한 삶을 살기를 원하는 것처럼 하느님도 우리가 그와 같은 삶을 살기를 바라시지 않을까?

1장

무의미함은 우리를 병들게 하고 유의미함은 우리를 건강하게 한다

전반적으로 삶의 의미는 자신의 삶이 특별한 목적을 가지고 있고, 자신이 그 목적을 이루며 살고 있다는 느낌과 관련이 있다. 우리는 많은 사람들, 아마도 대다수의 사람들이 봉인된 명령 곧 삶의 목적을 수행할 수 없을 것 같은 무능력감과 의미의 결핍으로 좌절을 경험하는 문화 속에서 살고 있다. 급속도로 확산된 이러한 의미의 결핍감은 우리의 신체, 정서, 영성에 골고루 영향을 미친다.

  신체적인 측면에서 우리는 의미 없는 일을 할 때마다 고통을 겪는다. 예를 들어 심장 마비에 대한 최고의 예측 변수는 콜레스테롤 수치도, 운동 부족도, 흡연도, 고혈압도 아니다. 심장 마비의 가장 크고 유일한 예측 변수는 월요일 아침이다. 대부분의 심장 마비가 월요일 아침 8시에서 9시 사이에 일어난다. 연구원들은 그 이유가 사람들이 진심으로 원하는 일이 아닌 것을 해야 하는 한 주를 직면하기 때문이라고 믿는다.[5]

하는 일이 만족스럽지 못하면 심장뿐 아니라 몸 전체가 고통을 받는다. 보잉사가 시애틀의 직원 31,200명을 대상으로 참을 수 없는 요통의 발생률에 관한 연구를 했을 때 사무직 직원들이 무거운 짐을 옮기는 일을 하는 직원들만큼 고통을 느낀다는 것이 드러났다. 이 연구는 허리 통증을 가장 잘 예측하는 인자가 신체적인 자극이 아니라 직무 불만족임을 증명했다.[6] '딜버트'[7]가 미국에서 가장 인기 있는 만화 중 하나인 이

---

5 일주일 중 가장 사망률이 높은 월요일에 관한 미국 심장 협회의 연구 (November, 1992), in *Newsweek* (December 2, 1985), p.82, and in *U.S. News & World Report* (January 21, 1985), p.68.
6 보잉사 근로자들의 요통에 관한 D.M. Spengler의 연구, "산업계에서의 허리 부상: 후향적 연구 - 개요 및 비용분석, 부상 요인 및 피고용인 관련 요인," *Spine*, Vol. 11, No. 3 (1986), pp.241-256. 래리 도시의 "일과 건강: 고립, 시시포스, 바바리안 베드"에서 인용," *Alternative Therapies*, Vol. 3, No. 1 (January, 1997), pp.8-14.

유는 아마도 직장에서 확산되는 무의미함과 관련이 있을 것이다. 수많은 사람들이 이 만화를 보면서, 작은 사무실에 앉아 버튼이 두 개 달린 어린이용 그림 그리기 장난감[8]을 정말 복잡한 컴퓨터라고 생각하는 무능력한 상사를 위하여 장시간 일하는 딜버트와 자신들을 동일시하는 것 같다.

일터에서의 이러한 좌절감에 관하여 공적으로 분명하게 설명한 사람은 정치 운동가이자 심리학자며 랍비인 마이클 러너[9]였다. 그는 직장인들의 관심사에 대하여 30년 동안 연구했고, 그 결과 그들이 진심으로 원하는 것은 더 많은 임금이나 수당이 아니라는 것을 발견

---

7 주인공 딜버트를 통해 직장인들의 일상을 풍자한 만화. 'dilbert'는 신조어로 "지루해하거나 냉소적이 되게 하다"라는 뜻이다. - 옮긴이 주

8 매직 스크린이라고 알려진 장난감으로, 두 개의 버튼을 돌리면 그림이 그려지고 흔들면 지워진다. - 옮긴이 주

9 Michael Lerner, *The Politics of Meaning* (New York: Addison-Wesley, 1996). *Tikkun*, which Rabbi Lerner edits (published by the Institute for Labor and Mental Health, 5100 Leona St., Oakland, CA 94619).

했다. 그들의 가장 깊은 관심사는 일에서 경험하는 '의미와 목적의 결핍'이었다. 그래서 러너는 미국인의 삶의 핵심을 경제적 이득이 아니라 의미와 돌봄과 연민으로 만들려는 의도를 가지고 '의미의 정치'라고 불리는 운동을 시작했다.

앞에서 설명한 것처럼 무의미함은 신체뿐 아니라 정서와 영성에도 영향을 미친다. 예를 들면, 아녜스 샌포드[10]는 여러 해에 걸쳐 우울증에서 회복되는 경험을 통해 봉인된 명령을 발견하는 것의 중요성을 깨달았다. 샌포드가 자신의 특별한 존재 목적을 수행하기 시작하고 삶의 깊은 의미를 발견하자, 비로소 때때로 자살 충동을 불러일으키던 우울증이 사라졌다. 삶을 돌아보면서 샌포드는 우울증이 하느님의 시험은 아니었는지 자문해 보았다.

---

10 Agnes Sanford, *op. cit.*, p.94.

나는 그렇게 생각하지 않는다. 오히려 하느님께서는 내가 왜 세상에 보내졌는지 알 수 있도록 봉인된 명령을 드러내 보여 주려고 애쓰신다고 생각한다. 그런데 나는 그분이 나에게 애써 말해 주려고 하는 것을 받아들일 수 없었다고 생각한다. 나에게 저술, 그림, 연극 등에 재능이 있는 것은 알았지만, 치유의 재능이 있다는 것은 몰랐다. 이 재능은 모든 사람 안에 내재되어 있지만, 특히 나에게 이 재능은 좀 특별한 선물, '이 일'을 해야 하는 좀 특별한 명령으로 드러나는 것처럼 보였다.

위대한 치유자인 칼 융과 에릭 에릭슨은 아녜스 샌포드의 이러한 경험을 이해했을 것이다. 정신 의학자 융은 35세 이후에 나타나는 모든 정서적 위기는 영적 위기 또는 의미의 위기라고 주장했다. 에릭 에릭슨은 인간이 생애 주기의 전 과정을 통해 계속적으로 성장한다고 주창한 첫 번째 심리학자이다. 그는 중년의 위기는 인간이 타인을 돌보는 의미 있는 방법을 발견할 때 곧 그가 '생산성'이라고 부르는 것을 발견할 때 해결된다고 믿었다.

정서적 건강을 위한 의미의 중요성은 중년기 현상에만 국한되지 않는다. 조지프 칠턴 피어스[1]에 따르면 이상주의와 관련된 뇌의 급격한 성장은 초기 청소년기에 일어난다. 따라서 발달 단계적으로 청소년에게 가장 필요한 것은 그들의 이상주의를 격려해 줄 어른들의 의미 있는 삶의 본보기이다. 이상주의를 발달시킬 수 있는 능력이 지지를 받지 못하면 수백만 개의 뇌세포가 죽고 청소년은 깊은 좌절을 경험하게 된다.

우리 교육 제도는 청소년에게 이상주의를 격려하기보다 서로 경쟁하고 타인의 희생을 기반으로 이익을 얻는 경제 제도를 수용하도록 부추긴다. 이 제도는 개인의 특별한 존재 방식을 향상시키기보다 미친 듯이 일하는 것을 격려하고 증진시킨다. 피어스는 10대 폭력의 급속한 확산은 그들 앞에 닥친 어른들의 세상에서 의미를 찾을 수 없고, 그로 인하여 뇌 발달에 방해를 받았기 때문이라고 말한다. 10대 폭력의 확산은 그들의 이상주의가 좌절됨으로써 발생한 직접적인 결과라는 그의 말에 우리는 동의한다.

우리 삶의 특별한 목적은 우리를 건강하게 만든다

무의미함이 우리에게 영향을 미쳐 병들게 하는 것처럼 삶의 의미와 목적이 회복되면 우리는 모든 영역에서 건강을 회복할 수 있다. 예를 들면, 버니 시겔[12] 박사는 자신이 치료하는 암 환자 가운데 누가 차도가 있을지 미리 알 수 있었다. 환자에게 "백 살까지 살기를 원하나요?"라고 질문했을 때 삶에 대하여 깊은 의미

---

11 Joseph Chilton Pearce, *Evolution's End: Claiming the Potential of Our Intelligence* (San Francisco: Harper, 1992), pp.189-194, and "The Roots of Intelligence" (audio tape published by Sounds True Recordings, Boulder, CO).

12 Bernie Siegel, *Peace, Love & Healing* (New York: Harper, 1989), p.46.

를 가진 사람은 "네."라고 대답했고, 그들 대부분은 병을 극복하고 살아남았다.

영성 안에 드러나는 봉인된 명령

암과 같은 건강 위기는 누구나 경험하는 일반적인 사건이 아니라 특별한 사건이다. 대부분의 종교에는 삶의 목적을 발견할 수 있는 기회를 제공하는 중요한 사건들이 있는데, 그것은 그 종교를 믿는 모든 이들에게 제공되는 보편적 사건이다.

그리스도교의 경우에 그 사건은 세례이다. 8장에서 좀 더 자세히 다루겠지만 우리는 세례가 봉인된 명령에 관한 것이라고 생각한다. 우리는 아들 존의 세례식에서 예수님의 세례에 관한 마르코 복음사가의 말씀을 읽었다. 예수님은 하늘에서 들려온 "너는 내가 사랑하는 아들, 내 마음에 드는 아들이다."(마르 1,11)라는 소리를 들으신다. 독서 후에 우리는 여든 명의 축하객들에게 그들이 존에게서 본 선물, 그들을 기쁘게 한 특별한 선물을 함께 느낄 수 있도록 부탁했다. 그들은 한 사람씩 앞으로 나와 존에게서 느낀 특별한 선물을 이야기하며 축복해 주었다. 존이 오랫동안 시선을 마주치는 능력이 있음을 알아차린 한 사람은 존의 친밀한 관계에 대한 선물을 축복해 주었다. 사람들마다 존이 가진 기쁨의 선물, 집중하여 인식하는 재능, 내적 평온함 등에 대하여 축복해 주었다. 존은 이 모든 선물을 가지고 우리에게 왔으며, 그 모든 것은 존이 받은 봉인된 명령의 일부이다. 이러한 선물들에 대한 공동체의 축복은 존이 살면서 자기 삶의 특별한 목적을 수행할 때 그를 격려하고 지지할 것이라는 공동체의 약속이기도 했다.

우리는 존이 자신의 봉인된 명령을 지속적으로 더 명료화해 나가기를 바란다. 그가 길을 잃는다면 도움이 될 방법이 있다. 하나는 이냐시오 성인이 만든 '영신 수련'Spiritual Exercises으로, 자기 존재의 특별한 목적을 찾는 사람들을 도와준다. 영신 수련은 방황하다가 길을 찾은 이냐시오 성인 자신의 체험에서 나왔다. 이냐시오는 거친 삶을 산 군인이었다. 그는 자신이 하려는 용감한 행위와 그로 인해 얻게 될 세속적인 영광에 대하여 자주 백일몽을 꾸었다. 그러던 중 팜플로나 전투에서 포탄 공격을 받아 다리에 심한 부상을 당했다. 회복하는 동안 이냐시오는 그리스도와 성인들의 삶에 관한 책을 읽고, 자신이 읽은 것을 묵상하면서 '위로'를 경험하고 '명랑하고 만족한' 상태를 느꼈다. 반면 이전에 그를 매혹했던 세속적 영광에 대한 망상에 머무름에서는 '메마름'을 경험하며 '피곤하고 건조하고 불만족스러움'을 느꼈다. 위로와 메마름이라는 두 가지 다른 움직임을 깊이 숙고하면서 그는, 우리가 봉인된 명령이라고 부르게 될 그만의 개인 소명을 깨달았다.[13]

이냐시오는 이 깨달음으로 깊은 치유와 변화를 체험하여 세속적인 삶을 버리고 맨발로 예루살렘을 향해 떠났다. 그 여정의 결과로 영신 수련을 집필했다. 그런데 종종 영신 수련은 피정자가 자신의 삶에 중요한 영향을 끼치는 결정을 하거나 이미 하고 있는 일을 향상하기 위한 결심을 돕기 위해 만들어진 것으로 해석되었다. 하지만 허버트 알폰소[14]가 강조하듯이, 영신 수련의 목표는 더 깊고 넓다. 곧 영신 수련은 개인의 모든 결정과 활동의 기반이 되는 그 사람만의 특별한 존재 방식을 발견하도록 돕는다.

봉인된 명령을 발견하는 것이 이토록 큰 치유를 가져온다면 우리는 그것을 어떻게 발견할 수 있는가? 우리는 이 책에서 영신 수련 체험과 현대 영성, 심리학, 의학을 통해 배운 것들을 바탕으로 그 시작을 위한 간단한 방법들을 제안한다.

---

13 William J. Young, S.J. (trans.), *St. Ignatius' Own Story* (Chicago: Loyola University Press, 1980).
14 Herbert Alphonso, S.J., *op. cit.*, pp.13-14.

2장

의미와 목적이 있는 환경 만들기

삶에서 의미나 목적의식과 같은 질적으로 긍정적인 면을 발전시키기 위한 최상의 방법은 그러한 긍정적인 면을 불러일으키는 사람들과 환경에 우리 자신을 노출시키는 것이라고 믿는다. 우리 셋 중 어느 누구도 삶이 의미가 없다고 느껴 본 적이 없다. 왜 그럴까? 그것은 아마도 삶에는 심오한 의미가 있고, 우리 각자는 특별한 이유가 있어서 존재한다는 것이 너무도 자명한 환경에서 성장했기 때문일 것이다. 우리는 우리의 환경이 지니고 있는 의미를 '알아차린' 듯싶다. 마찬가지로 우리는 존을 위하여 그가 의미와 목적을 '알아차릴' 수 있는 환경을 만들어 주고 싶다. 존이 자기 삶의 목적을 발견하도록 돕기 위하여 우리가 가장 먼저 할 일은 우리 자신이 자기 삶의 목적을 인식하는 것이다. 지금까지는 우리의 봉인된 명령에 관하여 나누었는데, 이제 여러분 자신의 봉인된 명령에 관하여 알고 싶을 것이다.

봉인된 명령은 우리가 처한 삶의 상황들을 통해 그 모습을 드러낸다

존과 함께하는 일 중에 내(쉴라)가 가장 좋아하는 것은 그를 데리고 정원으로 나가 나무와 이파리, 꽃을 바라보는 것이다. 존의 크고 파란 눈이 경이로움으로 점점 더 커지는 것을 보면서 나는 어렸을 때 나에게 가장 큰 자양분이 되어 주던 것이 무엇이었는지 기억한다.

나는 데니스와 함께 존을 위하여 만들고 있는 지금의 가정과는 상당히 다른 가정에서 성장했다. 부모님은 나를 위하여 안전하고 사랑이 가득한 환경을 만들어 주지 못하셨다. 그래서 나는 매우 불안정하고 수줍음이 많고 외로운 아이였다.

내 피난처는 동네 가까이에 있는 나무가 많은 곳이

었다. 나는 혼자 나무 사이를 걸으면서 나무와 잎과 꽃들을 보았다. 이 친구들은 나에게 살아 있는 존재들이었고, 그들과 함께 있으면 더 이상 외롭지 않았다. 나는 그들을 사랑했고, 그들도 나를 사랑했다고 확신한다. 그 시간에 나는 정말로 나 자신이 된 것처럼 느꼈다. 피조물과 사랑을 주고받은 이러한 어린 시절의 경험은 내가 받은 봉인된 명령과의 첫 만남이었다고 생각한다.

나는 나의 봉인된 명령이 피조물을 소중히 여기고 돌보는 것이라고, 그리고 나의 돌봄으로 그 피조물들이 그들의 선함을 드러낸다고 믿는다. 나는 다른 것을 상상할 수 없다. 우리가 사는 집 옆에 딸린 정원은 지금은 집 앞뒤로 확장되었고, 이제 나의 돌봄은 언덕을 넘어 우리 땅과 붙어 있는 55킬로미터에 이르는 국유림으로 확장되고 있다. 나는 타고나기를 인위적인 것이 집 안에 있는 것을 견디지 못하여, 심지어는 계량스푼들도 모두 천연 나무며 손으로 만든 것이다. 나는 피조물의 선함이 매우 분명하게 드러나는 자연적인 것들에 둘러싸일 필요가 있다.

얼핏 내 사도직이 저술과 피정 지도인 것처럼 보일 수 있지만, 실제로 내가 사람들과 함께하고 있는 것은 인간의 성장 과정 안에서 선함을 발견하고 그 선함을 돌봄으로써 그것이 드러나도록 하는 것이다. 데니스와 내가 자녀를 갖기로 결정한 중요한 이유는 아이를 양육하는 것이 피조물에 대한 돌봄과 관련하여 가장 궁극적이고 근본적인 돌봄이라는 나의 깨달음이었다.

피조물 돌보기라는 나의 봉인된 명령은 내 어린 시절의 환경과 수줍고 외로운 아이로 나무와 이파리와 꽃들을 친구로 삼아 의지했던 삶을 통해 드러났다. 그리고 봉인된 명령을 수행할 때 어린 시절의 여러 상처들이 더욱 깊게 치유되었다. 집 안에 있는 벌레를 밖으로 가지고 나가 놓아줄 때마다 나는 삶이 으깨지고 사라지는 것 같던 어린 시절의 경험이 치유되는 것을 느낀다. 작은 묘목 한 그루를 잘 크도록 돌볼 때마다 나는 그 작은 아이를 돌보는 것이다.

하느님께서 우리가 상처를 입도록 내버려 두신 것은

아니지만 하느님께서는 그 상처들을 이용하여 우리의 봉인된 명령이 드러나도록 하시는 것 같다. 봉인된 명령 곧 삶의 목적은 매우 깊이 내재해 있으므로 삶에서 경험하는 여러 어려운 상황과 실수들이 우리가 그 목적을 수행하는 것을 근본적으로는 막을 수 없다. 이것은 진실이다. 이는 우리의 존재 목적이 우리의 본질이고, 우리 안에서 하느님의 빛이 드러나는 특별한 방식이며, 그 빛은 절대로 꺼질 수 없기 때문이다.

봉인된 명령을 따르는 것은 온 세상에 생명을 준다

나(데니스)는 내가 봉인된 명령을 따를 때 더 깊은 삶과 치유를 경험할 수 있고 내 주변도 온통 창조적인 에너지로 둘러싸인다는 것을 안다. 이처럼 봉인된 명령을 발견하고 따른다는 것은 세상 전체를 돌보는 방법이 된다.

나의 봉인된 명령이 무엇인지 나 자신에게 물어볼 때 두 가지를 생각한다. 첫째, 어떻게 해서 존이 우리에게 왔는지 생각하고 둘째, 지금 이 글을 쓰는 동안 존을 안고 있는 나의 형 마태오에 대해 생각한다.

쉴라와 나는 결혼 후 처음 몇 년간 아이를 갖기 위해 노력했으나 결국 입양을 신청하기로 했다. 입양 기관의 격려에 힘입어 우리는 전 세계에 흩어져 있는 약 오백 명의 친구들에게 편지를 보내 우리에게 꼭 맞는 아이가 입양되도록 우리와 함께 지켜보고 기도해 달라고 부탁했다. 그 후 우리는 하느님께서 우리에게 보내 주실 아이를 위하여 매일 아침 함께 기도했다. 그렇게 시작하여 1년이 흘렀으나 우리는 여전히 기다려야 했다.

어느 날 우리는 집에서 2시간 거리에 있는 콜로라도주 볼더에서 열리는 '출산 외상'birth trauma 워크숍에 관한 메일을 받았다. 우리 둘 다 출산 외상에 대한 작업을 해 본 적은 없었지만, 이 작업이 우리 아이와 깊은 공감을 이룰 방법일 수도 있겠다는 생각이 들었다. 그리고 우리가 자신의 출산 외상을 치유하는 경험을 하면 우리의 상처를 아이에게 물려주지 않을 수 있으리라는 생각이 떠올랐다.

이틀에 걸쳐 우리 자신의 잉태와 출산을 다시 경험하는 작업을 한 후, 휴식을 취하고, 작업 과정 중에 경험한 모든 것에 관하여 기도를 하기 위해 볼더에 있는 피정집으로 갔다. 기도 중에 쉴라는 "우리 아이가 잉태된 것 같아요."라고 말했다. 나중에 그 말이 맞았다는 것을 알았다. 우리 아이는 세상 어디서나 올 수 있었지만 존 마태오는 볼더에서 왔다. 그 아이는 우리가 볼더의 워크숍에서 각자의 잉태와 출산을 다시 경험하고 있을 때 그와 거의 동시에 잉태되었다.

출산을 다시 경험해 보지 않은 사람들에게는 이상하게 들리겠지만 워크숍에 참여한 사람들 대다수가 자신의 출산을 재경험할 수 있었다. 그들이 어떻게 해석하든 그들은 잉태 이전의 시간으로까지 돌아갈 수 있었다고 느끼기도 했다.

나는 잉태와 출산을 재경험할 때 사랑이신 하느님을 떠나 처벌과 복수의 하느님 이미지를 가진 가족과 종교 문화 안으로 들어가는 것에 대하여 절망감을 느꼈다. 워크숍에 참가했던 대부분의 사람들처럼 선재(先在, pre-existence)를 믿는 사람들은 내가 천국에서 살았던 나의 삶을 기억한 것이라고 말할 것이다. 정통 그리스도교는 내가 잉태되는 순간에 창조되었으며 나를 창조하신 하느님의 사랑을 갈망한 것이라고 해석할 것이다.

어떻게 설명하든지 잉태의 순간부터 계속해서 이 트라우마를 겪어 온 나를 지탱해 준 것은 형 마태오와의 소통이었다. 내가 잉태되었을 때 마태오는 한 살이었고 그는 여전히 천국을 기억할 수 있었을 것이다. 나는 최근에 나처럼 태중에서 트라우마를 겪은 아기들이, 부모가 그것을 이해하지 못할 때 종종 형제에게서 위로를 구한다는 것을 배웠다. 이렇게 나는 나와 형의 친밀한 관계가 잉태의 순간에 시작되었음을 깨달았다.

따라서 나의 봉인된 명령을 묘사하는 단어를 생각할 때 '형제'라는 단어가 떠오른 것은 놀라운 일이 아니다. 삶을 돌아볼 때 나는 무엇을 하든지 항상 형제가 되는 길을 찾고 있다는 것을 깨닫게 된다. 그 길을 찾을 수 없을 때 나는 중심을 잃고 일이 잘 진행되지 않는다. 길을 찾으면 나와 내 주변의 모든 사람들의 일이 다 잘 진행된다.

예를 들면, 우리는 입양 절차를 거치는 동안에 500명의 친구들을 그 과정에 형제자매로 함께해 달라고 부탁했다. 나는 워크숍에 참여하여 존이 태아기와 출산 중에 경험할 수 있는 외상을 미리 경험해 보려고 노력함으로써 존에게 형과 같은 존재가 되려고 노력했다. 어떤 식으로든 나는 우월한 사람이 아닌, 과거에는 예수회 사제로, 지금은 남편이며 아버지로 언제나 다른 사람과 동등한 형제 관계를 맺기를 원했다. 이 글을 쓰고 있는 지금 내가 독자를 형제로 대하는 방식은 내 이야기를 독자와 나누려는 노력이다.

나는 형제가 되는 새로운 방법을 찾으려고 항상 노력한다. 그렇게 하는 데 지난 몇 년간 가장 큰 도움이 된 것은 결혼해서 아이를 가진 것이다. 한밤중에 아들과 함께 깨어 있을 때 나는 밤중에 아이를 돌본 적이 있는 모든 부모와 형제가 된 것처럼 느낀다. 형제가 되는 방법을 발견할 때마다 출산 외상 워크숍에서 그랬던 것처럼 새로운 생명이 나에게 온다. 또한 봉인된 명령을 따르면 볼더에서 우리 아들 존을 태어나게 한 것과 같은 사랑, 곧 우주에 있는 창조적인 사랑이 신비로운 방식으로 풀려나온다.

봉인된 명령은 다음 단계를 식별하고 탈진하지 않게 우리를 보호한다

내(마태오)가 기억하는 한 어떤 것들을 통합하여 온전하게 만드는 것은 언제나 내 삶의 중심에 있었다. 어린 시절 나는 엄마가 저녁 식사를 하라고 불러도 바로 가지 않을 때가 있었는데, 마지막 퍼즐 몇 조각만 더 맞추면 그림을 완성할 수 있었기 때문이었다. 퍼즐을 하지 않을 때는 곰 인형이 건강을 회복하도록 병을 진단하는 등 의사 놀이를 하고 있었다. 고등학교 때 내가 가장 좋아한 활동은 세상의 불행한 측면을 보고 진단

하는 토론자로서 그 문제를 어떻게 해결할 수 있는지 완벽한 대책을 제시하는 것이었다. 전체를 파악하지 못한 심사 위원이 토론에서 내가 졌다고 생각했어도 사실 나는 진 적이 한 번도 없었다.

나는 사람들이 신체적·정서적·영적으로 통합되도록 돕는 예수회 사제가 될 수 있겠다는 것을 깨닫기 전까지는 의사가 되려고 했다. 신학교 공부를 하면서 사목 상담에 집중했다. 어떤 때는 병원 원목으로, 어떤 때는 고등학교 교사로, 또 어떤 때는 선교사로 일했다. 겉으로는 서로 다른 종류의 일을 한 것처럼 보이지만 하나하나 살펴보면 모두 나만의 특별한 봉인된 명령 곧 온전하게 만듦이라는 나의 특별한 존재 방식이 토대를 이루고 있었다. 예를 들어, 선교사로 수족[15]과 살 때 나는 늘 그들의 풍요로운 문화와 우리 문화를 통합하려고 애썼다. 수족의 평신도 부제들에게 그리스도교

---

15 수족Sioux은 북아메리카 원주민 부족 중 하나이다.

신학을 가르칠 때에도 그들 고유의 전통과 그리스도교 신학을 통합하여 그들의 종교적 체험이 더 온전해지도록 격려했다.

수족과 함께하는 동안 치유 기도에 관하여 알게 되었다. 그들의 기도를 의학 및 심리 치료와 통합할 수 있다는 것을 이해하게 된 나는 그것을 온전하게 만드는 방법으로 치유 사도직을 하기로 결정하였다. 데니스와 나는 치유와 관련된 피정 지도와 저술이라는 사도직을 시작했고, 후에 쉴라가 동참하게 되었다.

온전하게 만듦이라는 봉인된 명령은 사도직을 선택하는 기준이 되었을 뿐 아니라 내가 하는 모든 결정에 거의 언제나 의식적인 영향을 미쳤다고 할 수 있다. 예를 들면, 6년 전 관구장 신부가 열일곱 명이 사는 미니애폴리스 공동체의 원장직을 맡아 줄 수 있는지 물어보았다. 먼저 2주 정도 기도해 보고 싶다고 침착하게 답했지만 속으로는 두려움에 떨고 있었다. 그 공동체의 전 원장은 정신적 질병을 앓고 있는 회원 한 명과 다양한 건강 문제를 가지고 있는 다른 여러 회원들을 1년 돌보고 난 후 탈진하였다. 더구나 데니스와 쉴라와 함께 미니애폴리스에서 멀리 떨어진 곳에서 피정 지도와 저술 작업을 하기로 이미 일정이 잡혀 있었기 때문에 임기의 절반은 실제로 공동체에 머물 수도 없었다. 그러나 무엇보다도 두려웠던 것은 나를 가장 생기 있게 하는 피정 지도와 저술을 그만두었을 때 나 역시 1년 후에는 탈진하고 말 것이라는 점이었다.

관구장 신부에게 원장직을 맡을 수 없는 이유를 말하자 그는 달리 그 일을 할 사람이 없다고 했다. 그는 어떻게 하면 내가 그 공동체의 원장이 될 수 있을지에 관하여 2주 동안 더 기도해 볼 것을 제안했다. 그 기간 동안 나는 부정적 소극성 때문에 원장직을 수행하면서 나의 재능이 어떻게 쓰일 수 있는지에 대해서는 보지 못했다는 것을 깨닫게 되었다. 사실 나는 그 공동체의 각 회원을 정말로 사랑하고 있었고 그 공동체를 더 온전하게 만들고자 하는 강한 소망을 가지고 있었다.

그러나 전적인 투신을 필요로 할 것 같은 원장직을 수행하면서 어떻게 피정 지도와 저술을 계속할 수 있을까? 원장은 임기가 보통 6년인데, 1년 만에 나에게서 생기를 소멸시키는 무엇인가에 내가 갇혀 버렸다는 것을 깨닫게 되면 어떻게 하지? 나는 관구장 신부가 요청하는 도움에 응답하고 싶은 마음과 내게 생기를 주는 일들이 주는 느낌에 동시에 머물려고 애썼다.

  그때 어쩌면 상근 원장으로 일하지 않는 방법도 있지 않을까 하는 생각이 문득 들었다. 공동체의 재정 관리와 건물 유지 관리는 다른 회원도 할 수 있다. 내가 공동체에 없을 때는 다른 사람이 공동체 모임의 촉진자 역할을 하도록 부탁할 수 있다. 이러한 방법으로 나는 데니스와 쉴라와 함께 계속해서 피정 지도와 저술을 할 충분한 자유 시간을 가질 수 있을 것이다. 또한 처음부터 6년 임기를 다 채우기로 하는 것이 아니라 단기 임기제를 시험적으로 적용해 볼 수 있겠다는 생각이 들었다. 나는 1년만 해 보는 데 동의했다. 이 시험 기간에 드러난 것은 나는 저술과 피정 사도직을 계속할 수 있었고, 이 사도직은 내가 탈진하지 않도록 필요한 생명력을 제공해 주었다는 것이다. 지금 나는 7

년째 이 공동체의 원장직을 맡고 있다.

봉인된 명령은
가장 중요한 식별 기준이다

 봉인된 명령 곧 우리가 생명과 사랑을 주고받는 특별한 방식은 결정을 하기 위한 식별의 가장 중요한 기준이다. 원장직을 받아들여야 할지 어떨지에 관한 생각으로 힘들었던 그 한 달을 돌이켜볼 때, 내가 두려움보다 봉인된 명령에 집중했더라면 훨씬 더 쉽게 최종 결정에 도달할 수 있었을 것이라고 생각한다. 나의 봉인된 명령에 이름을 붙이고 내가 할 결정에서 봉인된 명령과 반대되는 면들이 있는지, 있다면 무엇인지 가늠해 보는 것으로 시작할 수 있었을 것이다. 허버트 알폰소[16] 신부는 이에 관하여 다음과 같이 말한다.

> 개인 성소가 무엇인지 일단 식별이 되면 그 '개

인 성소'는 매일의 사소한 결정을 포함하여 삶의 모든 결정을 위한 식별의 기준이 된다. 나에게는 '개인 성소'가 '하느님의 뜻'이기 때문이다. 그런데 이 '하느님의 뜻'이란 말은 가장 심오한 신학적 의미를 가지고 있고 가장 많이 사용되지만 동시에 가장 잘못 사용되어 온 말이기도 하다. 내가 어떤 두 가지 중에 하나를 선택해야 한다면 식별 과정을 통해 어느 것이 나에 대한 하느님의 부르심, 곧 하느님의 뜻인지 결정하도록 도와주는 것은 바로 나의 '개인 성소'이다. 그 두 가지 선택 가능한 것들이 내게 깊이 내재되어 있는 '개인 성소'에 반하지는 않은지 하나씩 확인해 봄으로써 둘 중 어느 것이 나의 개인 성소에 부합하고 어느 것이 '부합하지 않은지'를 단 몇 분 안에 내적으로 '경험할' 수 있다.

이것이 내포하는 것은 나의 결정이 내 개인 성소나 봉인된 명령을 '거스르지 않고' '조화를 이루는' 한, 그 결정은 죄스러운 것이 아니라 도덕적인 것이라고 확신해도 된다는 뜻이다. 윤리 신학자 버나드 해링[17]은 우리가 자신의 고유한 정체성을 이해할 때 비로소 자기 삶에서 하느님의 뜻을 위한 근본적인 선택을 할 수 있다고 말한다. 결정한 것이 자신의 고유한 정체성과 '맞지' 않으면 그것은 가장 깊은 자아와 고유한 부르심을 죽음에 이르도록 한다는 의미에서 '치명적'이다.

일단 결정을 하면 우리의 '개인 성소' 또는 봉인된 명령은 우리 안에 매우 깊이 각인되고 또한 전 우주를 위한 하느님의 진화하는 꿈에 매우 깊이 참여하게 되어, 우리가 그 봉인된 명령대로 존재하기만 하면 우리는 봉인된 명령을 완수하는 데 방해가 되는 장해물들을 극복하는 데 필요한 창조적인 방법을 알게 될 것이

---

16 Herbert Alphonso, S.J., *op. cit.*, pp.58-59.
17 Reference to Bernard Häring comes from Richard Gula, *Reason Informed by Faith: Foundations of Catholic Morality* (Mahwah, NJ: Paulist Press, 1989), pp.78-79.

다. 봉인된 명령은 우리를 자신의 삶의 생명력과 연결해 주며, 그 명령을 따를 때 우리는 내적 두려움과 외적 장해물을 극복하는 데 필요한 것을 얻게 된다.

봉인된 명령은 탈진하지 않도록 우리를 보호해 준다

 봉인된 명령은 우리를 삶의 생명력과 연결해 준다. 그래서 우리는 그 명령에 따름으로써 두려움과 장해물들을 극복할 수 있을 뿐 아니라 탈진하지 않도록 자기 자신을 보호할 수 있다. 우리는 일을 너무 많이 해서 탈진하는 것이 아니라 자신에게 의미 없는 일을 하기 때문에 탈진한다. 우리가 정말 의미 있다고 여기는 '활동들'은 우리 안에서 끝없는 생명력을 불러일으킨다. 다시 말해, 봉인된 명령은 하느님에게서 오고, 따라서 그 명령을 따를 때 우리는 하느님의 창조의 힘을 경험하게 된다. 바로 이 순간이 죽은 자들 가운데서 예수님을 부활하게 하신 성령과 동일한 성령, 그리고 동일한 생명력이 우리 안에서 역사하는 순간이다(로마 8,11 참조).

내가 공동체 재정과 건물 유지 관리를 위하여 내 에너지의 대부분을 써야 하는 상근직 원장을 하기로 동의했더라면 나는 탈진하고 말았을 것이다. 때로는 자신의 고유한 존재 방식을 실현할 수 없는 일들을 해야 할 때도 있지만, 그런 일을 하는 데 대부분의 에너지를 사용할 때 우리는 탈진하게 된다. 데이비드 스타인들 라스트는 "탈진의 해결책이 반드시 휴식은 아니다. 그것은 온전한 마음wholeheartedness이다."[18] 라고 말한다. 내가 어떤 일에 시간의 대부분을 쓰더라도 그 일이 나의 봉인된 명령과 일치하기에 온 마음을 다한 것이라면 탈진하지 않을 것이라고 확신한다.

---

18 David Steindl-Rast cited in Dawn Gibeau, "Caring for Your Soul at Work," *Praying*, No. 80 (Sept.-Oct., 1997), p.12.

 **치유 과정**

1. 마음이 고요해지도록 잠시 머문다. 하느님의 사랑을 들이마신다.

2. 당신이 알고 있는 사람들 가운데 의미와 목적을 가지고 풍요로운 삶을 살고 있는 사람이 있다면, 그 사람을 생각하며 당신이 그 사람 앞에 있다고 상상한다. 숨을 쉬며 그 사람에게서 느낄 수 있는 분명한 목적의식을 들이마신다.

3. 이제 당신 자신의 삶에서 분명한 목적의식을 느꼈던 순간들을 떠올린다. 상상 속에서 그중 한순간을 다시 느껴 본다. 그 순간의 명료한 목적의식을 다시 한 번 들이마신다. 그렇게 하면서, 당신의 봉인된 명령을 묘사한다면 어떻게 묘사할 수 있는가?

3장

나의 봉인된 명령, 곧 삶의 목적은 무엇일까?

봉인된 명령이 무엇인지 알면 과거에 힘들었던 환경을 치유할 수 있고, 주변에 사랑이 넘치는 환경을 조성할 수 있으며, 다음에 무엇을 해야 할지 식별할 수 있고, 탈진하지 않을 수 있다. 그렇다면 봉인된 명령을 어떻게 발견할 수 있는가? 자신의 봉인된 명령을 느끼고 알아차리기 위하여 촛불을 켜고, 우리 안에 함께하시는 하느님의 사랑에 찬 현존을 의식하고, 자신에게 다음과 같은 질문을 하면서 몇 분간 조용히 머문다. "사랑을 주고받는 나만의 고유한 방법은 무엇인가?" 이 질문은 다음과 같이 다양한 방식으로 표현될 수 있다.

 살면서 무엇에 몰입했을 때 시간이 쏜살같이 흘렀다고 느꼈는가? 예를 들어, 어린아이였을 때 저녁 식사를 하라는 소리를 듣고도 늦게 갔다면 그때 무엇을 하고 있었는가?

오늘 당신은 무엇이 가장 감사한가? 가장 덜 감사한 것은 무엇인가? 이 질문들을 매일 한다면 당신은 어떤 패턴을 보게 될 것 같은가?

당신은 특히 몸으로 언제 가장 살아 있다고 느꼈는가? 당신이 다시 경험하고 싶은, 가장 살아 있는 듯한 순간들은 언제인가?

무엇이든지 할 수 있는 시간과 돈이 있다면 무엇을 할 것인가?

살면서 당신이 했던 가장 무모한 일이었지만 상상한 것보다 더 좋은 결과를 가져온 것은 무엇인가? 실패하지 않을 것이라는 보장을 받는다면 지금 당신이 할 것이라고 상상하는 가장 무모한 일은 무엇인가?

성장하면서 가장 본받고 싶었던 사람은 누구인가? 지금 가장 본받고 싶은 사람은 누구인가? 반대로 당신이 멘토가 되어 주고 싶은 사람이 있는가?

어떤 영화나 이야기가 당신을 가장 감동시키는가?

당신의 가장 친한 친구들은 당신의 어떤 면을 좋아한다고 말하는가? 그들은 당신이 사랑을 주는 고유한 방식이 무엇이라고 말하는가?

당신이 사랑을 받는 고유한 방식은 무엇인가?

당신이 해야만 하는 것 - 하지 않을 수 없는 것은 무엇인가?

당신이 단 1년만 살 수 있다면 무엇을 하겠는가?

- 살면서 무엇에 몰입했을 때 시간이 쏜살같이 흘렀다고 느꼈는가? 예를 들어, 어린아이였을 때 저녁 식사를 하라는 소리를 듣고도 늦게 갔다면 그때 무엇을 하고 있었는가?

우리는 이와 비슷한 질문을 버니 시겔[19] 박사에게 들은 적이 있다. 그는 '예외적인 암 환자들'에 관해 연구하고, 암에서 회복하는 데 사랑과 의미가 얼마나 중요한지에 관한 광범위한 내용의 글을 썼다. 버니 박사는 어린 시절에 엄마가 저녁 식사를 하라고 부르면 바로 가지 않았는데 그 이유는 초상화를 그리는 데 완전히 빠져 있었기 때문이었다. 버니는 사람들을 보고see 싶어 했다. 그것도 제대로 보고 싶어 했다. 이제는 암 환자를 치료할 때 단지 암을 치료하는 데 그치지 않는다.

---

19 Bernie Siegel, "How to Never Grow Old" (audio tape published by Sounds True Recordings, Boulder, CO, 1992).

그는 사람 자체를 치료한다. 그 사람 자체와 무엇이 그 사람에게 삶의 의미를 주는지 제대로 보려고^{see} 노력하는 것으로 시작한다. 버니는 환자들에게 질병의 의미가 무엇인지 그리고 그것이 그들 삶의 고유한 목적과 어떤 연관이 있는지 알아보기 위하여 종종 그림을 그려 보라고 권한다.

백인 중산층에 속하는 우리 친구 마이크는 최근에 명문 대학을 졸업했고 이어서 가장 좋은 대학원 과정에 쉽게 들어갈 수 있었다. 하지만 그는 그렇게 하지 않고 미시시피주로 이사해 빈곤한 학군의 아프리카계 미국인 아이들을 가르치고 있다. 마이크가 네 살 때 가장 깊이 빠졌던 것은 마틴 루서 킹 목사의 연설을 따라 하는 것이었다. 그는 벽난로 턱을 딛고 올라서서 "나는 꿈이 있습니다!"라고 외치곤 했다.

나(데니스)는 저녁 식사를 하라고 불렀을 때 낯선 곳에 관한 책을 읽느라고 정신이 팔려 있었다. 매해 여름 부모님은 마태오와 나를 공공 도서관에 데려가 우리에게 직접 가족 여행을 계획해 보라고 하셨다. 우리는 여행에 관한 책들을 집으로 가져와 8,000~11,000킬로미터에 달하는 여행을 계획하곤 했다. 8월이 되면 부모님과 함께 패밀리카를 타고 여행을 시작했고, 나는 아버지께 "우회전하세요, 좌회전하세요, 직진하세요."라고 말하곤 했다. 나는 마태오 형과 함께 부모님을 안내하며 3주 동안 미국, 캐나다, 멕시코 전역을 돌아다녔다. 여행은 형제가 되는 나의 능력을 더 확장시켜 주었고, 나는 낯선 곳에서 낯선 사람들과 함께 있는 것을 편안하게 느끼기 시작했다. 천생 교사이신 엄마는 우리가 이러한 가족 여행에서 돌아오면 항상 "참 훌륭한 교육이었어!"라고 말씀하셨다.

예수회원으로서 나는 40여 개국을 다니며 치유 피정을 지도했다. 예수회 창립자 이냐시오 성인이 예수회원의 첫 번째 특성은 여행이라고 한 말의 의미를 최근에야 이해했다. 나에게 여행은 온 세상과 형제가 되는 길이었다.

이상의 예들은 우리에게 뿌려진 봉인된 명령의 씨앗이 아주 어린 시절부터 어떻게 확연하게 드러나기 시작하는지 보여 준다. 식탁에 따뜻한 식사를 차려 놓고 기다리시는 부모님을 짜증나게 하는 행동들을 포함하여, 겉으로는 대수롭지 않게 보이는 어린아이의 행동들이 실은 그 아이의 고유한 삶의 목적을 위한 준비일 수 있다. 존이 성장함에 따라 우리는 그가 저녁 식사 식탁에 바로 나타나야 한다고 완강하게 요구하기 전에 먼저 그를 몰두하게 하는 것의 중요성에 대하여 생각해 보는 부모가 되기를 바란다.

우리는 어렸을 때 저녁 식사를 하라는 소리를 들었지만 늦게 간 적이 있던 것은 기억하는데, 그때 무엇을 하고 있었는지는 기억하지 못할 수 있다. 하지만 어쩌면 우리는 무엇인가에 몰입해서 시간이 순식간에 지나갔던 것을 기억할 수 있을 것이다. 이렇게 시간의 흐름이 느껴지지 않는 순간은 시간이 존재하지 않는 하느님, 생명이신 하느님 안에서 특별히 순수하고 심오한 방식으로 우리가 어떤 나눔과 소통을 하고 있는 순간이다. 시간이 존재하지 않는 순간이 우리가 봉인된 명령을 가장 충실하게 살고 있는 순간인 이유는 바로 우리의 봉인된 명령이 영원하신 하느님께로부터 오기 때문이다.

- 오늘 당신은 무엇이 가장 감사한가? 가장 덜 감사한 것은 무엇인가? 이 질문들을 매일 한다면 당신은 어떤 패턴을 보게 될 것 같은가?

이 질문들은 우리가 '성찰'examen이라고 부르는 이냐시오 성인의 양심 성찰examination of conscience을 응용한 것이다. 양심 성찰은 많은 경우에 죄와 실수를 발견하기 위한 훈련으로 해석되기 때문에 환영받지 못하곤 한다. 하지만 우리는 양심 성찰의 진짜 목적이 식별이라고 믿는다. 우리는 「성찰」[20]에서 결정을 할 때 성찰이 우리를 어떻게 안내하는지 설명했다. 지속적으로 오랜 기간 성찰을 하면, 그 과정은 우리가 어떤 특

---

20 데니스 린·쉴라 린·마태오 린, S.J 글, 김인호·장미희 옮김, 성바오로, 2016.

정 결정을 해야 할 때 안내자 역할을 해 줄 뿐만 아니라, 모든 결정의 기초가 되는 패턴을 드러내 보여 준다는 것을 깨달았다. 우리는 이 패턴이 우리 각자의 봉인된 명령이라고 믿는다.

 우리는 매일 저녁 함께 성찰을 한다. 촛불을 켜고 내적으로 고요해지도록 잠깐 시간을 갖고, 우리 자신에게 두 개의 성찰 질문을 던진다. 그런 다음 각자의 답을 나눈다. 지난밤 우리 셋은 같은 것에 대하여, 곧 어제 우리가 글을 쓰면서 함께 보낸 시간에 대하여 감사했다. 우리는 글을 쓰기 위해 비워 둔 몇 주간 동안 자주 이렇게 한다.

 우리는 서로 다른 이유로 글을 쓰며, 각자 그것에 대해 감사하는데, 각자의 이유는 바로 각자의 봉인된 명령을 보여 준다. 나(쉴라)는 우리가 쓰는 글의 주제들에 숨어 있는 선함을 발견하고 끌어내는 것을 좋아한다. 예를 들어, 앞에서 겉으로는 저녁 식사 시간에 비협조적인 것처럼 보이는 아이의 태도에 숨어 있는 선함에 대한 글을 쓴 사람은 나였다. 나(마태오)는 우리가 무엇을 쓰고 있든지 거기에서 잃어버린 조각들을 찾아내 전체적으로 완전하게 만드는 것을 좋아한다. 나는 연관성 있는 요점들이 하나도 빠지지 않은 완벽한 글을 20쪽 정도 한달음에 써 내려갈 수 있을 때 기쁨을 느낀다. 나(데니스)는 독자들과 형제로 소통하기를 원하기 때문에 사람들이 접근하기 쉬운 친밀감을 주는 글을 쓰는 것을 좋아한다. 나는 마태오 형이 쓴 20쪽의 글을 3쪽으로 줄여서 나와 비슷한 사람들이 이해할 수 있도록 만들 때 기쁨을 느낀다.

가장 덜 감사하는 것들도 우리의 봉인된 명령을 깨닫는 데 도움을 준다. 예를 들어, 어젯밤 우리는 글을 쓸 날이 이틀밖에 남지 않은 것에 대하여 가장 적게 감사했다. 이것은 우리의 우선순위가 글을 쓰는 것이고, 이것에 몰입하지 못하게 하는 일들 가운데 몇 가지를 정리할 필요가 있음을, 곧 우리의 봉인된 명령에 포함되지 않기 때문에 우리를 방해하는 것들을 정리할 필요가 있음을 말해 준다.

- 당신은 특히 몸으로 언제 가장 살아 있다고 느꼈는가? 당신이 다시 경험하고 싶은, 가장 살아 있는 듯한 순간들은 언제인가?

  봉인된 명령대로 살 때 우리는 우주를 관통하는 생명의 흐름에 동참하게 된다. 앞서 말했듯이 우리는 봉인된 명령이 유전자 안에 새겨져 있다고 믿는다. 우리 몸의 모든 세포가 봉인된 명령을 알고 있다. 그러므로 육체적으로 느끼는 생동감은 우리가 봉인된 명령대로 살고 있다는 신호이다. 이렇게 봉인된 명령은 우리가 태어나서 마지막 숨을 쉴 때까지, 우리 몸의 모든 세포에 생기를 불어넣고 또 그 생기를 돌려받게도 하는 최고의 고유한 방식이다.

  예를 들어, 존이 태어난 이래로 우리(데니스와 쉴라)는 그 어느 때보다도 잠을 적게 잔다. 잠에서 깬 존을 먹이고 안아 주느라 방해받지 않고 두세 시간 이상 잠을 자 본 적이 거의 없다. 그래서 우리는 만성적으로 잠이 부족하고 거의 항상 피곤하다. 그러나 동시에 우리는 그 어느 때보다도 에너지가 넘친다. 우리는 매일 밤 방해받지 않고 8시간 정도 잠을 자지 않으면 제대로 활동할 수 없다고 생각했는데, 이제는 존이 우리에게 오기 전보다 두 배로 일할 수 있다는 것을, 그리고 그 모든 것을 더 큰 기쁨으로 하고 있다는 것을 깨달았다. 존이 더 이상 밤잠을 설치지 않게 되고 그 후 시간이 많이 지나고 나면 우리는 지금 보내고 있는 존과의 첫 몇 달을 우리 삶에서 육체적으로 가장 살아 있던 순간 중 하나로 회상하게 될 것이다. 이러한 육체적인 생동감은 부모가 되는 것이 우리의 봉인된 명령의 일부임을 말해 준다.

우리 몸의 모든 세포가 봉인된 명령을 알고 있으므로 우리 몸은 생명을 주고받는 우리 각자의 고유한 방법을 식별하기 위한 토대가 된다. 주의 깊게 귀를 기울여 보면 우리가 봉인된 명령을 향한 길에 서 있을 때 느껴지는 신체적인 변화, 몸으로 느껴지는 옳다는 느낌, 생동감을 감지할 수 있을 것이다. 나(쉴라)는 우리가 존을 기다리고 있을 때 이러한 것을 경험했다. 존이 우리에게 오기 전에 우리는 다른 아기들을 여럿 만나 보았다. 그때마다 나는 신체적으로 죽은 것과 같은 무감각함을 느꼈다. 그 무감각함에 머물려고 노력하면서 나는 그러한 느낌이 나에게 "이 아이는 너의 아이가 아니기 때문에 너는 이 아이에게 줄 생명력을 가지고 있지 않아." 하고 말하고 있음을 깨달았다. 그러나 존은 아직 만나지도 않았는데 그 아이에 관하여 처음 듣는 순간 나는 흐느끼기 시작했다. 그 흐느낌에 나 자신을 맡겼을 때 내 몸이 생명력으로 터질 것처럼 느껴졌다. 이 살아 있는 느낌이 존이 우리 아이임을 내 몸이 알아차린 신호라고 이해한다. 우리 몸에서 느껴지는 느낌들을 있는 그대로 느끼는 이 과정은 유전자에 새겨져 있는 봉인된 명령을 식별하는 하나의 방법으로, '포커싱focusing'[21]이라고 알려져 있다. 봉인된 명령은 우리 삶의 토대가 되는 은총으로, 우리는 이 은총이 우리 몸에서 어떻게 느껴지는지 알아차림으로써 어떤 봉인된 명령을 받았는지 식별할 수 있다.[22]

- 무엇이든지 할 수 있는 시간과 돈이 있다면 무엇을 할 것인가?

나(쉴라)는 무엇이든 할 수 있는 시간과 돈이 있으면 더 많은 아이들, 그것도 매우 많은 아이들을 가질 것이다. 나는 저녁 식사에 제때 가지 못한 때가 있었는지 기억하지 못한다. 하지만 어렸을 때 내가 아이들에게 얼마나 깊은 관심을 가지고 있었는지는 분명히 기억한

---

21 초점 맞추기Focusing는 1960년대 시카고 대학의 유진 젠들린Eugene Gendlin이 개발했다(*Focusing*, New York: Bantam, 1978 참조). 우리는 초점 맞추기와 그리스도교 영성을 통합시킨 피터 켐벨Peter Campbell과 에드윈 맥마흔Edwin McMahon에게서 초점 맞추기에 대하여 배웠다. '식별이 몸에서 느껴지는 은총의 움직임을 알아차리는 것이다.'라는 생각은 피터 켐벨과 에드윈 맥마흔의 영향이 크다. 초점 맞추기에 관한 간단하고 정리된 설명을 원한다면 다음을 참조한다. Peter Campbell, "Focusing: Doorway to the Body-Life of Spirit," *Creation Spirituality* (May/June, 1991), 24, 26, 27, 50, 52.

22 초점 맞추기Focusing는 자기 인식self awareness과 정서적 치유emotional healing를 위해 몸에 집중하여, 자신이 느끼고 있는 것을 과장하거나 축소하지 않고 있는 그대로 느끼는 과정이다. 특별히 인간 내면에 존재하는 특정한 문제와 연결된 느낌, 또는 감각 느낌felt sense에 초점을 맞추어 그것의 근본적 정체에 다가가도록 돕는 심리 치료 기법이다. – 옮긴이 주

다. 삼촌이 찍어 준 나의 두 번째 생일 파티 동영상에서 그 예를 볼 수 있다. 파티에서 나는 친척들이 가져온 아름다운 선물들에 둘러싸여 있었다. 그러나 단 하나의 선물만 내 주의를 끌었다. 그것은 젖병과 함께 들어 있는 인형이었다. 나는 다른 모든 선물들은 밀쳐놓고 그 인형에게 젖을 먹이는 데에만 몰두했다. 데니스와 내가 아이를 가질지 결정할 때 나는 자주 그 동영상을 보면서 두 살밖에 안 되었는데도 아이들을 돌보는 데 큰 관심을 보인 그 아이에게 주의를 기울였다. 아들 존으로 인해 나는 아이를 돌보는 그 방법으로 생명을 돌보는 것이 내 봉인된 명령의 필수적인 요소라는 것을 안다. 우리가 가진 자원이 무한하다면 내가 할 첫 번째 일은 더욱 많은 아이들을 돌보는 것이다.

- 살면서 당신이 했던 일 가운데 가장 무모했지만 상상보다 더 좋은 결과를 가져온 것은 무엇인가? 실패하지 않으리라는 보장을 받는다면 지금 당신이 할 것이라고 상상하는 가장 무모한 일은 무엇인가?

우리 친구 케이트는 사랑스럽고 날씬하고 예술적 감각이 있는 여성으로 뉴욕에 살고 있다. 케이트는 전문 댄서인 동시에 신학을 공부했고 자신이 속한 교회에서 목회자로 안수를 받기도 했다. 몇 년 전 결혼 생활의 어려움을 겪으면서 그녀는 자신이 무기력하고 스스로를 보호할 수 없다고 느꼈다. 케이트가 자신에게 가장 하고 싶은 일이 무엇인지 물어보았을 때 경찰이 되고 싶다는 생각이 떠올랐다.

그 생각을 입 밖에 냈을 때 터무니없게 들렸지만 케이트는 교육을 받고 뉴욕시 경찰국의 보조경찰관이 되었다. 케이트는 중서부 지역의 대학 무용 교수로 채용된 후, 그 지역 경찰서에서 시간제 경찰관으로 일했다. 때로 케이트의 강의를 듣는 학생들이 매우 늦은 시간에 과음하고 돌아다니다가 무용 교수가 제복을 입고 그들의 차를 세우는 것을 보고 소스라치게 놀라곤 했다.

케이트는 경찰관으로 일하면서 힘이 생기는 것을 느꼈고, 그것은 결혼 생활의 치유에 도움이 되었으며, 결국 뉴욕으로 돌아와 남편과 재결합하였다. 최근에 케이트는 감수성이 예민한 여성의 몸으로 여러 해 동안 형사 사법 제도의 거친 세계를 몸소 경험하면서 알게 된 것을 토대로 우리 문화의 폭력성과 취약성에 관한 주제의 글을 쓰고 있다.

언젠가 우리는 케이트에게 예술과 신학과 범죄 예방의 공통점이 무엇인지 물어보았다. 케이트는 "그것은 인간이 밤을 경험하는 방식에 관한 것이지요." 하고 대답하였다. 우리는 케이트의 이 대답이 그녀의 봉인된 명령을 요약한 것이라고 짐작한다.

- 성장하면서 가장 본받고 싶었던 사람은 누구인가? 지금 가장 본받고 싶은 사람은 누구인가? 반대로 당신이 멘토가 되어 주고 싶은 사람이 있는가?

  때때로 우리는 다른 사람들 안에서 우리에게는 아직 발달하지 않은 어떤 면을 본다. 존의 세례식에 참석했던 손님들 가운데 데니스와 쉴라의 조카인 열여섯 살 로익과 우리의 오랜 친구 월터가 있었다. 로익은 오레곤에서, 월터는 텍사스에서 왔다. 그 둘 사이에는 서로에 대한 즉각적인 유대가 형성되었고, 뒤쪽 현관 밖에 있는 데크에서 오랫동안 함께 이야기를 나누었다. 그들은 전화로 계속 연락하기로 약속했다.
  월터는 우리가 아는 가장 훌륭한 심리 치료사 중 한 명이다. 그는 어떤 상황에도 사랑과 긍정의 기운을 불어넣는 사람이며, 비범한 직관력을 지닌 정서적으로 매우 진솔한 사람이다. 그는 영적인 면에서도 매우 큰 선물을 받은 사람이다. 로익은 월터와 매우 비슷한 선물을 받았지만, 아직 그 일부에 관해서만 알고 있고,

아직 완전히 발달되지 않은 상태이다. 우리는 로익의 봉인된 명령이 월터의 봉인된 명령과 연관성이 있을 것이라고 짐작하며, 그렇기 때문에 로익은 월터를 만나자마자 바로 동질감을 느꼈을 것이라고 생각한다. 뿐만 아니라 월터도 로익이 느끼는 것과 같은 동질감을 느낀다.

성장해서 월터와 같은 사람이 되고 싶은 로익의 소망은 그의 봉인된 명령을 보여 주는 표지라고 할 수 있다. 그리고 자신과 비슷한 삶의 목적을 받은 것 같은 로익이라는 젊은이의 멘토가 되고자 하는 월터의 소망은 월터 자신의 봉인된 명령에 대한 표지일 수 있다. 우리는 종종 우리 자신의 선물과 비슷한 선물을 받은 사람의 멘토가 되는 것에 마음이 끌린다.

• 어떤 영화나 이야기가 당신을 가장 감동시키는가?

데니스와 마태오의 어머니는 특별히 영화를 좋아하

시지는 않지만 '홀랜드 오퍼스'라는 영화를 네 번이나 보셨다. 이 영화는 자신이 맡은 학생들의 음악적 재능을 발전시키는 것을 돕느라고 정작 자기 자신의 작품은 끝내 완성시키지 못한 음악 교사에 관한 이야기이다. 우리는 어머니가 이 영화에 매료되는 이유가 학생들의 잠재력을 일깨우는 교사라는 어머니의 봉인된 명령과 관계가 있을 것이라고 생각한다.

좋아하는 영화나 이야기들 중 다섯 가지를 적어 보면 우리는 아마도 자신의 봉인된 명령과 일치하는 근본적인 주제 한 가지를 발견하게 될 것이다. 내(마태오)가 이 목록을 작성한다면 '쉰들러 리스트', '레인맨', '드라이빙 미스 데이지', '간디', '데드 맨 워킹'이라는 영화가 포함될 것이다. 이 영화들은 모두 깊은 상처를 치유함으로써 온전하게 만든다는 근본적인 주제, 곧 나의 봉인된 명령을 담고 있다.

봉인된 명령에 관한 자각을 불러일으키기 위해 영화 속 이야기들을 이용하는 것과 같이 우리는 가장 감동시키는 성경 속 이야기들을 이용할 수 있다. 예를 들어, 넬슨 만델라는 0.66제곱미터가 채 안 되는 감방에 열여덟 해 동안 갇혀 있으면서 예수님의 수난사와 "아버지, 저들을 용서해 주십시오. 저들은 자기들이 무슨 일을 하는지 모릅니다."(루카 23,34)라는 말씀으로 견딜 수 있었다. 그가 용서한 간수가 그의 대통령 취임식에 참석한 것은 수 세기에 걸친 인종 차별 정책의 해체를 가져오는 화해, 곧 넬슨 만델라의 봉인된 명령에 관한 강력한 상징이었다.

- 당신의 가장 친한 친구들은 당신의 어떤 면을 좋아한다고 말하는가? 그들은 당신이 사랑을 주는 고유한 방식이 무엇이라고 말하는가?

봉인된 명령은 우리가 그 명령을 실천에 옮기는 데 필요한 선물과 함께 온다. 때로 우리 자신보다 친구들이 먼저 우리가 받은 선물을 더 잘 알아본다. 예를 들어 보자. 우리는 해마다 매사추세츠주 프레이밍햄에 있는 여자 교도소에서 일일 워크숍을 진행한다. 담당 성직자는 그곳에 수감된 여성들의 가장 큰 문제가 낮은 자존감이었기 때문에 우리를 초청했다. 낮은 자존감은 그들로 하여금 자신의 삶이 건설적인 목적을 가지고 있다는 것을 믿기 어렵게 만들었고, 그들에게 파괴적인 영향을 주는 것들에 쉽게 노출되게 만들었다. 낮은 자존감은 이 여성들의 몸에도 영향을 끼쳤다. 몸의 자세는 나쁘고, 피부는 얇고, 목소리는 가냘프고, 눈은 두려움과 의심에 차 있었다.

그곳에서 지난해 진행한 워크숍의 주제는 긍정적인 면을 알아주는 사랑이었다. 워크숍 오후 시간에 우리는 앞으로 나올 사람은 손을 들라고 초대했다. 캐시가 손을 들었고, 우리는 그녀에게 앞으로 나와서 전체 집단을 마주하고 칠판 옆에 앉아 달라고 청했다. 긴장했지만 캐시는 그렇게 했다. 나머지 80명에게는 캐시에 대하여 좋아하는 것들을 말해 달라고 부탁했다. 교도소 생활이 그러한 분위기를 특별히 조성하지는 않지만, 그들은 캐시가 받은 선물에 대하여 말하기 시작했다. 우리는 그들이 말하는 것을 칠판에 받아 적었고, 우리가 적은 것을 수감자들 가운데 한 명이 나중에 캐시가 간직할 수 있도록 공책에 옮겨 적었다.

  동료들이 캐시의 선물이 무엇인지 말하는 것을 듣는 동안에 캐시의 모습이 전체적으로 달라지기 시작했다. 캐시는 등을 펴고 똑바로 앉았고, 피부에는 윤기가 돌기 시작했다. 우리는 마지막에 캐시에게 어떻게 느끼는지 물어보았다. 캐시는 "저의 마음 안에 따뜻한 곳이 있는데 그것이 온몸으로 퍼지고 있어요."라고 말했다. 우리는 캐시에게 온기가 가장 뜨겁게 느껴지는 곳에 손을 얹고 그 온기를 제대로 느끼도록 안내하면서 "당신 자신에 대하여 나쁘게 느낄 때마다 거기에 손을 얹고 그 따뜻한 느낌을 기억하세요."라고 말했다. 우리는 모두 캐시의 변화에 깊은 감동을 받았다. 그 결과 거기 모인 수감자들 모두가 캐시가 경험한 것을 직접 경험할 수 있도록 우리는 한 사람 한 사람에게 같은 안내를 되풀이하면서 그날 오후 시간을 다 보냈다.

  선물의 목록들을 비교해 보면서 우리는 각각의 목록

이 너무도 독특함에 깜짝 놀랐다. 그 교도소에 수감된 모든 여성들은 각각 사랑하는 특별한 방법을 가지고 있었고, 그것이 그들 개개인의 봉인된 명령 곧 삶의 목적이었다. 그리고 마치 스테인드글라스 창의 많은 유리 조각들이 패턴을 형성하여 어떤 주제를 보여 주듯이, 개개인이 받은 선물들은 그 개인의 봉인된 명령의 패턴을 형성하여 그 사람의 삶의 주제 곧 목적을 보여 준다.

- 당신이 사랑을 받는 고유한 방식은 무엇인가?

우리는 보통 우리의 봉인된 명령 또는 삶의 목적이 다른 사람들에게 무엇인가를 주는 고유한 방식이라고 생각한다. 하지만 7개월 된 존을 안고 있으면서 봉인된 명령은 무엇인가를 받는 고유한 방식이기도 하다는 것을 깨달았다. 존이 우리에게 줄 수 있는 것은 오로지 우리가 그를 먹이거나 기저귀를 갈아 줄 때 고맙다는 미소를 짓거나 행복한 소리를 내는 것뿐이었다. 지난 8월에 존의 세례식이 있었는데 그날 그곳에는 그를 위해 기도해 주러 80명의 손님이 왔다. 그중에는 멀리 필리핀에서 온 사람도 있었다. 이러한 사실을 통해 볼 때 바로 지금 존의 삶의 목적은 그를 위한 우리의 사랑을 받는 것이다.

우리가 사랑을 받는 방식은 우리가 사랑을 주는 방식만큼이나 우리의 봉인된 명령의 일부이다. 예를 들어, 로버트 콜스[23] 박사는 도로시 데이와의 첫 만남에 관하여 다음과 같은 이야기를 우리에게 들려준다.

> 내가 도로시 데이를 처음 만난 것은 거의 35년 전 어느 날 오후였다. 도로시는 한 여자와 테이블에 마주 앉아 있었는데, 그 여자는 얼핏 보기에도 상당히 술에 취했음에도 기어이 대화를 계속하려 하고 있었다. 그 여자의 오른쪽 이마에는 커다란

---

[23] Robert Coles, *A Radical Devotion* (Reading, MA: Addison-Wesley, 1987) p. xviii.

자주색 모반이 있었고 …그녀는 상대방에게 전혀 감흥을 주지 못하는 감탄사를 연발하면서 그 자줏빛 점을 계속 만지고 있었다.

나는 그 두 명의 중년 여성 사이에 끝없이 계속되고 있는, 본질적으로 어처구니없어 보이는 대화로 인해 점점 더 혼란에 빠지고 있었다. 나는 궁금했다. 알코올 의존자의 고함 소리와 무언의 끄덕임, 그 사이 가끔씩 던져지는 짤막한 질문들, 이미 과하게 말이 많은 사람을 서서히 진정시키기보다는 더 미칠 듯이 화나게 만드는 질문들로 구성된 이 대화는 도대체 언제 끝이 날까? 그런데 마침내 침묵이 찾아왔다. 도로시는 그 여자에게 중단해도 괜찮은지 물어보았다. 도로시는 자리에서 일어나 나에게 와서 물었다. "우리 중 한 명과 이야기하려고 기다리고 있나요?"

'우리 중 한 명.' 그녀의 이 말은 거만함과 평생에 걸쳐 쌓인 중산층 특권 의식을 잘라 내고, 뼛속까지 스며 있는 두터운 자만심을 긁어내 버렸다.

"허무로다, 허무! 모든 것이 허무로다!"(코헬 1,2) 이렇게 느끼게 했다. 아주 조용하고 예의 바르게 표현된 이 짧은 말을 통해 그녀는 간접적으로 우리에게 가톨릭 노동 운동이 무엇인지 그리고 그녀 자신은 어떤 사람인지를 말해 주었다.

도로시 데이의 봉인된 명령을 묘사해 보라고 한다면 아마도 대부분은 가난한 사람들에게 주는 것이라고 말할 것이다. 하지만 이 이야기는 그녀의 봉인된 명령이 그들에게 받을 줄 아는 능력이기도 하다는 것을 보여 준다.

- 당신이 해야만 하는 것 – 하지 않을 수 없는 것은 무엇인가?

마치 술을 마셔야만 한다고 믿는 알코올 의존자처럼 때로 우리는 무엇인가에 중독되었기 때문에 그것을 해야만 한다고 느낀다. 또 때로는 무엇인가를 할 운명이기 때문에 그것을 해야만 한다고 느낀다. 예를 들어, 클라라 헤일[24]은 1992년 87세로 세상을 떠나기 전까지 마약 중독자에게서 태어난 1,000여 명의 아기들을 자기 집으로 데려가 돌보았다. 그녀는 이 일에 필요한 경비를 자신이 부담했으며, 한 번에 20명의 아기를 돌보는 경우도 자주 있었다.

이 아기들은 태어나서 처음 몇 주간 동안 떨림, 구토, 설사 등과 같은 온갖 종류의 마약 금단 증상으로 고통을 겪었다. 클라라는 말했다. "아기가 마약을 달라고 울 때 내가 유일하게 할 수 있는 것은 아기를 꼭 껴안고 이렇게 말해 주는 것뿐이었다." "아기야, 사랑한다. 하느님도 너를 사랑하시고 너의 엄마도 너를 사랑한단다. 너의 엄마는 시간이 좀 필요할 뿐이란다." 텔레비전 인터뷰 진행자가 클라라에게 이렇게 문제가 있는 아기들을 위하여 헌신하는 이유를 묻자 그녀는 믿을 수 없다는 표정을 지었다. 그녀는 너무나 자명한 것을 묻는다는 듯이 "저는 이 일을 하기 위해 태어났어요."라고 말했다.

클라라 헤일은 마약에 중독된 아기들을 데려와야만 했다. 나(쉴라)는 아기를 가져야만 했다. 나(데니스)는 사제가 되어야만 했다. 나(마태오)도 사제가 되어야만 했다. 프레더릭 부흐너는 "하느님께서 당신을 부르신 그곳이 바로 당신 내면의 진정한 기쁨과 세상의 강렬한 허기가 만나는 곳이다."라고 말했다.[25]

- 당신이 단 1년만 살 수 있다면 무엇을 하겠는가?

우리는 삶이 짧다는 것을 깨달아야 비로소 우리에게 가장 중요한 일들을 한다. 버니 시겔 박사가 우리에게

---

24 Clara Hale's story was reported by NBC News, December, 1992; cited in Mark Link, *Vision 2000* (Allen, TX: Tabor, 1991), p.96.
25 Frederick Buechner is found in Rich Heffern, *Adventures in Simple Living* (New York: Crossroad, 1994), p.78.

한 남자의 이야기를 들려주었다.[26] 그는 바이올리니스트가 되고 싶었지만 부모를 기쁘게 해 주기 위해 변호사가 되었다. 그런 그에게 뇌종양이 생겼고 앞으로 살 날이 1년밖에 남지 않았다는 진단을 받았다. 그는 자신의 마지막 해를 정말 하고 싶었던 것을 하면서 보내기로 결심했다. 그는 변호사 일을 그만두고 바이올린을 연주하는 데 집중했다. 1년 후 그는 콘서트 오케스트라에서 바이올리니스트로 일하게 되었고 그동안 그에게서 뇌종양은 사라지고 없었다.

위의 질문에 대한 우리의 대답은 때로 우리가 이미 하고 있는 것과 분명한 연속선상에 있어 보인다. 예를 들어, 나(마태오)는 계속해서 치유 피정을 지도할 것이다. 나(데니스)는 크리스마스 때마다 항상 모든 친구들에게 그들이 나의 형제자매인 것이 왜 나를 행복하게 하는지에 관한 편지를 쓴다. 살 수 있는 날이 1년밖에 남

---

26 Bernie Siegel, "How to Never Grow Old," *op. cit.*

아 있지 않다면 그 편지들을 더 길게 쓸 것이다. 나(쉴라)는 아들을 돌보고 요리를 공부하며 집에 있을 것이다. 쉴라의 요리를 좋아하는 마태오와 데니스는 우리가 받아 놓은 죽을 날에 대한 집행 유예를 신청할 것이다.

하지만 때로 위의 질문에 대한 답은 우리가 할 수 있는 것과는 거리가 먼 것처럼 보이기도 한다. 이를 테면, 조셉 버나딘 추기경Cardinal Joseph Bernardin은 삶의 마지막 한 해 동안 '공통 기반'Common Ground이라고 알려진 프로젝트를 시작했다. 이 프로젝트를 통해 이루고자 한 그의 꿈은 로마 가톨릭교회 안의 여러 분파들 간의 대화를 시작하는 것이었다. 미국 내 추기경의 80퍼센트가 반대했고, 그는 양쪽에서 공격을 받았다. 대화에 대한 그의 꿈이 이루어지는 데는 여러 해가 걸릴 것이 분명했다. 하지만 교회의 지도자로서 그가 가진 신뢰도와 죽음을 앞둔 사람으로서 그가 보여 준 약함은 그에게 반대하는 것을 어렵게 만들었다. 죽어 가면서도 그는 자신의 봉인된 명령 곧 삶의 목적을 살아 내고 있었다. 그것은 바로 화해자로서의 삶이었다.

살날이 단 1년밖에 안 남고 그 1년 동안 무엇을 할지에 대한 답이 무엇이든, 그 일을 하기 위하여 우리가 말기 암 진단을 기다릴 필요는 없다. 이 질문에 대한 대답은 한 해에 대한 우리의 꿈을 보여 준다. 해마다 봄이 되면 친구 딕 라이스는 고향에 가서 '믹 삼촌(딕의 별명)과 함께하는 아침 식사'를 주최한다. 딕의 모든 조카들은 해마다 아침 식사뿐 아니라, 특별한 나눔의 시간을 갖고자, '올해 나의 꿈은 무엇인가?'라는 동일한 주제에 대한 대답을 서로 나누고자 열정적으로 이 자리에 참석한다.

 **치유 과정**

1. 마음이 고요해지도록 잠시 머문다. 하느님의 사랑을 들이마신다.

2. 원한다면, 하느님께서 예레미야에게 하셨던 다음 말씀을 당신에게 하신다고 상상하라. "모태에서 너를 빚기 전에 나는 너를 알았다. 태중에서 나오기 전에 내가 너를 성별하였다."(예레 1,5)
태어나기 전 당신이 하느님과 함께 있음을 상상하라. 하느님과 당신은 당신 삶의 특별한 목적에 대하여 의논하고 당신은 그 목적에 동의한다. 대화를 끝내고 하느님께서 당신의 봉인된 명령이 든 봉투를 건네주신다.

3. 봉투 안에 무엇이 들어 있다고 상상하는가? 이 장의 질문들 가운데 가장 마음에 와닿은 질문이 무엇이었는지 돌이켜 생각해 보면 도움이 될 것이다.

어떤 질문이 떠오르든지 그 질문에 대한 당신의 대답이 봉투의 내용을 알아내는 데 도움이 되는지 살펴보라. 정확하거나 구체적인 답을 했는지 걱정하지 말고, 아주 부분적이고 미완성의 것이라도 직관적으로 떠오르는 것을 신뢰하라.

4. 원한다면 하느님과 대화를 계속하라. 당신의 봉인된 명령에 대하여 하느님께서 지금 당신에게 하고 싶은 말씀이 있으신가? 아니면 당신이 하느님께 말씀드리고 싶은 것이 있는가?

5. 당신의 봉인된 명령에 대하여 가능하면 당신이 원하는 만큼 친구와 이야기를 나누어라.

자신의 봉인된 명령에 이름을 붙일 수 없다면, 봉인된 명령을 찾아내기 어렵다면?

앞서 설명한 과정이 당신의 봉인된 명령 곧 개인 성소의 이름을 찾는 데 도움이 되었을 수도 있다. 그렇다면 당신은 우리의 최근 저서들에 삽화를 그려 준 일러스트레이터이자 친구인 프란체스코 미란다와 같은 사람이다. 이 책의 초고를 읽은 후 그는 그림을 그리고 조각을 하는 것이 그가 사랑을 주고받는 고유한 방식이라는 것을 더욱 확신하게 되었다고 말했다. 그는 미켈란젤로가 사용했던, 이탈리아에서만 구할 수 있는 독특한 하얀 대리석을 가지고 자신의 기술을 연마하기 위해 가족과 함께 멕시코시티를 떠나 이탈리아에서 18개월간 머물기로 결정했는데, 이 결정에 대하여 더 큰 안도감을 느꼈다. 프란체스코는 자신의 봉인된 명령을 '아름다움을 발견하고 그것을 소통하는 것'이라고 간단한 몇 마디로 쉽게 표현할 수 있었다.

그러나 어쩌면 당신은 자신의 봉인된 명령이 무엇인

지 그 이름을 찾지 못했을 수도 있다. 그렇다면 당신은 프란체스코 미란다의 재능 있는 아내 베아트리즈와 같은 경우일 것이다. 그녀는 자신이 사랑을 주고받는 많은 방법들을 몇 마디로 정리하는 것이 어렵다고 느낀다. 베아트리즈가 사랑을 주고받는 방법에는 그녀가 엄마라는 것, 남편과 사랑하는 사람들과 자신의 소중한 시간을 나누는 것, 아이들에게 영어를 가르치는 것, 자연을 즐기는 것, 음악을 듣는 것, 여행을 하는 것 등이 포함된다. 자신의 소명을 몇 마디로 요약할 수는 없지만 베아트리즈는 자신이 하고 있는 것이 자신의 고유한 소명과 일치할 때가 언제인지를 즉시 안다. 이처럼 다양한 재능이 있을 때 그 모든 것의 바탕이 되는 봉인된 명령을 알아차리는 것은 쉽지 않다.

우리는 모두 다면적 신비체이기 때문에 자신의 고유한 삶의 목적이 무엇인지 그 이름을 찾기 위해서는 평생이 걸릴 수도 있다. 또한 자신의 삶의 목적에 대한 이해가 깊어지고 진화하면서, 한때는 우리의 고유한 목적을 표현하기에 적합했던 이름이 단 몇 년 후에는 더 이상 적합하지 않은 것처럼 여겨질 수도 있다. 이를 테면, 나(데니스)는 살면서 나의 봉인된 명령을 '공동체 건설자', '치유자', '고요한 물', '춤추는 심장', '엑스터시' 등으로 여러 번 달리 묘사했다. 지금은 '형제'라는 이름이 나의 봉인된 명령의 이 모든 측면을 아우르는 것 같다.

봉인된 명령을 발견한다는 것은 우리가 삶의 동반자로 선택한 사람과 왜 결혼하기를 원하는지를 정의하려고 애쓰는 것과 비슷하다. 말로 표현할 수는 없어도 우리는 우리가 선택한 사람이 어떻게 특별한지를 즉각적으로 안다. 어떻게 표현하든 그것은 진실하면서 동시에 불완전하다. 결혼 후 20년이 지나면, 우리는 배우자를 더 깊이 있게 그리고 더 다양한 측면에서 알게 된다. 배우자의 특별함에 대하여 이전에 묘사했던 것들이 여전히 사실이지만, 우리에게는 이제 덧붙일 것이 있다. 그러나 더 충만해진 이 묘사도 여전히 불완전할 것이다.

그러므로 여전히 당신의 봉인된 명령을 묘사하는 것

이 어렵다고 느낀다면, 그것은 아마도 당신의 진화하는 삶의 신비가 아직은 언어로 적절하게 표현될 수 없다는 것을 당신이 알고 있기 때문일 것이다. 다음은 허버트 알폰소의 설명이다.[27]

> 가장 개인적인 것은 소통될 수가 없다. 개인적 지식 또는 이냐시오 성인이 매우 존경스럽게도 그의 「영신수련」에서 반복적으로 '내적 지식'이라고 부르는 이 앎은 개념적 지식이 아니다. 이것은 마음의 지식이다. 개념으로 정리할 수 있는 것들만 말로 표현될 수 있다. 이것이 우리가 심오한 개인적 경험을 나눌 때 빈약하고 부적절한 인간의 언어로는 아무리 최선을 다해도 그 경험을 정확하게 담아내지 못하고, 오직 근사치만을 표현할 수 있는 이유이다. 우리가 발견한 것을 하느님

---

27 Herbert Alphonso, *op. cit.*, p.30.

께서 주신 고유성 곧 가장 심오한 개인적 경험이라고 표현할 때 우리는 그 경험을 불완전한 인간의 언어를 통해 담아내게 된다. 이렇게 인간의 언어는 고유한 경험을 매우 외면적이고 일반적으로 들리게 하지만, 동시에 우리는 이 언어를 통해 우리 존재의 핵심에서 들려오는 가장 깊고 가장 진실한 '자아'self, 우리의 유일무이한 고유성에 관하여 이해하게 된다. 이 얼마나 놀라운가?

말로 표현할 수 있든지 없든지, 중요한 것은 우리의 고유성을 사랑하는 것이다. 그렇게 하면 우리의 봉인된 명령은 우리가 하는 모든 일에 활기를 불어넣고, 이전보다 더욱더 깊은 삶으로 우리를 안내할 것이다.

4장

사랑은 봉인된 명령을
수행할 힘을 준다

아직 삶의 목적에 관하여 확신할 수 없을 수도 있지만 이제 당신의 봉인된 명령이 무엇인지 명백하게 알고 있다고 가정하고 따라서 앞장의 모든 질문들에 대답할 수 있다고 상상해 보자. 이런 경우에 당신은 봉인된 명령, 곧 삶의 목적대로 살 수 있다고 느끼는가? 반드시 그렇지는 않을 것이다.

우리가 진정으로 자기 자신이 되고 삶에서 무엇인가를 성취할 수 있는 힘은 우리가 누구인지 알고, 하고 싶은 것이 무엇인지 아는 지식이 아니라, 우리가 그런 사람이 되고 그런 일을 할 만큼 충분히 사랑받는다는 느낌에서 생긴다. 예를 들어 보겠다. 윌리엄 밀러 박사는 심리 치료가 알코올 의존자에게 미치는 영향에 관해 연구했다.[28] 그는 문제성을 지닌 음주자들이 6주에서 18주 동안 외래 환자로 심리 치료를 받도록 무작위로 배정했다. 이 통제 집단은 상담자를 만나 매주 한 회기의 상담만 하고 스스로를 돕기 위한 자료들을 받아서 집으로 돌아갔다. 밀러 박사는 통제 집단에 속한 음주자들이 지속적인 치료를 받고 있는 음주자들만큼 향상된 것을 보고 매우 놀랐다. 이러한 결과는 그가 받은 교육에 크게 위배되는 것이어서 다른 3개 주州에서 네 번 더 같은 연구를 했는데 결과는 항상 같았다.

우연히도 때를 맞추어 치료사의 공감 수준 척도가 연구 대상에 포함되었다. 감독관은 연구에 참여한 아홉 명의 치료사들을 대상으로 내담자에 대한 그들의 공감적 현존 능력, 곧 충고를 하거나 판단을 하지 않고

---

28 William R. Miller, "Spirituality and Addictions," address presented at "Spirituality in Health Care Conference," Albuquerque, New Mexico, April, 1997. William R. Miller, R. Gayle Benefield, and J. Scott Tonigan, "Enhancing Motivation for Change in Problem Drinking: A Controlled Comparison of Two Therapist Styles," *Journal of Consulting And Clinical Psychology*, Vol. 61, No. 3 (1993), pp.455-461.

사랑을 전달할 수 있는 능력에 따라 순위를 정하였다. 감독관이 가장 공감적이라고 인정한 치료사는 내담자가 단주를 하도록 돕는 데 100퍼센트 성공했으나 가장 덜 공감적인 치료사는 20퍼센트만 성공했다. 밀러 박사와 그의 동료들은 치료사들의 공감 능력에만 근거하여 그들의 내담자들이 여섯 달 후에 얼마나 술을 마실 것인지 예측할 수 있다는 것을 알아냈다. 치료사가 공감적이면 공감적일수록 그의 내담자는 술을 점점 덜 마실 것이다. 심지어 2년이 지난 후에도 치료사의 공감 능력과 내담자가 일주일간 마시는 술잔의 수 사이의 역상관성이 매우 높다는 것을 알 수 있었다.

밀러 박사의 연구에 의하면, 우리가 단주를 실행하고 싶을 때에도 사랑받는다고 느끼지 못하면 할 수 없다는 것을 보여 준다. 우리에게 자신의 삶의 목적을 수행하도록 도와주는 것은 사랑의 힘이다.

존 헨리 뉴먼 추기경은 1833년 시칠리아로 가던 중에 병으로 사경을 헤매다 회복되었고, 그 후 그를 인도하는 무조건적인 사랑에 관하여 자주 언급하였다. 그는 하느님께서 자신에게 특별한 사명을 주셨다는 확신을 가지고 영국으로 돌아왔으며, 이에 관하여 다음과 같이 썼다.[29]

> 하느님께서는 내가 당신이 정해 준 어떤 봉사를 하도록 나를 창조하셨다. 하느님께서는 다른 사람에게는 맡기지 않은 어떤 일을 나에게 맡기셨다. 나에게는 사명이 있다. 그것이 어떤 사명인지 현세에서는 결코 알지 못하겠지만, 내세에서는 그것에 대하여 듣게 될 것이다. …그러므로 나는 그분을 신뢰한다. 어떤 상황이나 어디에서든 나는 절대로 버림받지 않을 것이다. 내가 병중에 있다면 나는 그 병을 통해 그분을 섬길 것이다. 그분의 뜻을 이해하지 못하여 당황하게 된다면 그 당황스러움을 통해 그분을 섬길 것이다. 슬퍼하게 된다면

---

29 John Henry Newman, *Meditations and Devotions* (Westminster, MD: Christian Classics, 1975), p.301.

나는 그 슬픔을 통해 그분을 섬길 것이다.

뉴먼 추기경은 온화한 영성을 지닌 동시에 자신의 양심에 따라 조직적 억압에 용기 있게 저항한 분으로 유명하다.

무조건적 사랑에 마음을 연다는 것

하느님의 사랑은 우리가 알고 있는 모든 것을 무한히 초월한다. 이것은 우리를 창조한 사랑과 같은 사랑이고, 그 사랑은 전 생애를 통해 우리에게 머물러 있다. 하지만 현세에서 겪게 되는 삶의 한계로 인해 우리 대부분은 그 사랑의 강렬함을 그대로 경험하기 어려워 보인다. 그러나 적어도 우리는 그 사랑에 자신을 열고 그 사랑을 받아들일 능력을 성장시킬 수 있다. 그렇게 할 때 고유한 사랑의 방법 곧 우리의 봉인된 명령을 실천하기 위한 능력 또한 성장할 수 있다.

예를 들어, 나(데니스)는 사춘기 때 삶의 최고 목표가 지옥에 가지 않는 것이었을 정도로 매우 세심한 소년이었다. 나는 틀림없이 영원한 추방을 초래한다고 배운 긴 죄 목록을 가지고 있었고, 그런 죄들을 피하려고 애썼다. 나는 이런 세심함 때문에 나 자신뿐 아니라 다른 사람들도 싫어했다.

내 삶에서 일어난 가장 큰 변화는 예수회에 입회한 후 서른다섯 살이 되었을 때 일어났다. 당시의 수련장 조 시한Joe Sheehan 신부는 지금까지의 모든 죄를 고백하는 총고해를 하도록 지도해 주었다. 나는 나 자신에 대하여 싫어하는 것을 모두 적었는데 그것은 12쪽이나 되었다. 나는 수련장 신부가 휴식 시간에 그것을 다 읽고 나중에 사해 주길 바라면서 12장을 모두 가져다 제출했다. 그러나 조 시한 신부는 예수님께 내가 고백하고 싶은 모든 것을 소리 내어 말씀드리라고 했다. 나는 1쪽부터 시작하여 30분 동안 쉬지 않고 소리 내어 읽었다.

그날 가장 기억에 남은 일은 마지막에 조 신부가 나를 안아 준 것이다. 나는 그 포옹을 통해 하느님께서는 내가 변하거나 변하지 않거나 상관없이 나를 사랑하신다는 것을 깨달았다. 나는 눈물로 예수님의 발을 씻겨 드리고 머리카락으로 물기를 닦아 드린 성경 속 여인이 된 것 같았다. 예수님께서는 바리사이들에게 말씀하셨다. "이 여자는 그 많은 죄를 용서받았다. 그래서 큰 사랑을 드러낸 것이다."(루카 7,47) 그 순간부터 나는 나 자신은 물론이고 거의 모든 사람들을 사랑하고 있다. 나는 모두에게 형제가 되어줄 수 있으며, 많이 용서받았으니 많이 사랑할 수 있다고 느꼈다. 조 시한 신부의 포옹은 나에게 하느님의 무조건적 사랑을 체험하게 해 주었다. 나는 모두에게 형제가 되어 주는 내 봉인된 명령을 실천하기 위한 힘이 생겼다고 느꼈다. 어떤 사람들은 그들에게 꼭 필요한 순간에 주어진 조 시한 신부와 같은 멘토 또는 친구의 포옹에서 그들을 자유롭게 하는 사랑을 느끼고, 또 어떤 사람들은 밀러 박사의 연구에서 예로 든 상담자들과 같은 공감적인 상담사에게서 그러한 사랑을 느낀다. 또 쉴라와 같은 사람들은 자연에서 그러한 사랑을 느낀다. 우리의 원천이며 우리와 함께 머무는 하느님의 영원한 사랑은 가능한 모든 방법으로 우리에게 다가온다. 살면서 우리는 하느님께서 진정한 우리 자신에 대하여 근본적으로 '그래, 괜찮다'yes라고 긍정해 주신다는 것을 알려 주는 사람이나 사물을 필요로 한다. 하지만 우리 대부분은 매우 자주 '아니, 그렇지 않다'no라는 부정을 들어 왔다. 다음은 캐일린 호트의 글이다.[30]

---

30 The poem "God Says Yes to Me" by Kaylin Haught is from *In the Palm of Your Hand* by Steve Kowit (Gardiner, ME: Tilbury House, 1995) and is used with the author's permission.

하느님께서 나에게
괜찮다고 하신다

나는 하느님께 감정적이고 비현실적이어도
괜찮은지 여쭈었다.
하느님은 그렇다고 하셨다.
나는 작아도 괜찮은지 여쭈었다.
하느님은 당연히 괜찮다고 하셨다.
나는 매니큐어를 칠해도 괜찮은지 여쭈었다.
하느님은 애야 하고 부르셨다.
하느님은 가끔 나를 애야 하고 부르신다.
하느님은 나에게
네가 원하는 바로 그것을 해도 된다고 말씀하셨다.
하느님 감사합니다 하고 내가 말했다.
그런데 제가 편지를 쓸 때 단락으로
나누어 쓰지 않아도 괜찮은가요?
어디서 끊어 읽어야 하는지 아시는 하느님께서
사랑스러운 아이야 하며 말씀하셨다.

내가 너에게 진심으로 말한다.
그래, 괜찮단다, 괜찮고말고.

 **치유 과정**

1. 촛불을 켜고(또는 촛불을 켰다고 상상하고) 하느님에게서 나오는 창조의 빛을 들이마신다. 내적으로 고요해지도록 잠시 머문다.

2. 태어나기 전에 하느님과 만나는 장면을 다시 한 번 상상한다. 하느님과 함께 당신 삶의 특별한 목적에 관하여 의논하고 당신이 그것에 동의하는 장면을 상상한다. 대화가 끝날 때 하느님께서 당신의 봉인된 명령이 든 봉투를 건네주시고 그 명령대로 살도록 당신을 파견하시는 장면을 상상한다.

3. 지금 있는 그대로의 당신 자신의 모습을 상상한다. 손에 그 봉투가 들려 있다. 당신이 봉투에 들어 있는 사명을 실천할 힘의 원천은 사랑이다. 당신에게는 이런 사랑을 주는 사람이 누구인가? 하느님처럼

당신 존재를 '그래, 괜찮다'^{yes}라고 받아들여 주는 사람은 누구인가?

4. 떠오르는 사람이 누구이든 그 사람 앞에 있는 당신 자신을 바라본다. 그리고 당신에 대한 그 사람의 사랑을 들이마신다. 어쩌면 당신은 사람이 아니라 당신이 좋아하는 나무 옆이나 당신을 항상 새로운 생명으로 가득 채워 주는 시냇가에 서 있을 수도 있다.

5. 도움이 될 것 같으면 당신이 느끼는 사랑이 상상 속 그 사람 또는 나무나 시냇물과 같은 자연이 전해 주는 하느님의 무한한 사랑만큼 충만해지도록 허용한다.

6. 이러한 사랑을 들이마시면서 봉인된 명령을 실천하는 것을 상상한다.

7. 원한다면 상상 속 그 사람이나 자연 앞에서 더 시간

을 보낼 방법을 찾는다.

5장

다른 사람을 통해
봉인된 명령을
발견할 수 있다

4장에서 나(데니스)는 예수회에 입회해 조 시한 수련장 신부의 지도로 총고해를 했던 것에 대하여 이야기했다. 조 신부는 비범한 예수회 회원이었다. 수도 생활이 여전히 강력한 위계질서가 강조되던 시절에 그는 수련자들을 형제로, 동등한 친구로 대해 주었다. 우리보다 나이가 훨씬 많았지만 사소한 집안일부터 축구까지 모든 것을 우리와 함께했다. 그의 포옹이 나에게 그렇게 큰 치유를 가져왔던 것은 부분적으로는 그것이 매우 예외적인 행동이었기 때문이다. 그 당시에 사제들은 포옹을 하지 않았다. 조 신부는 내가 되고 싶은 그런 부류의 사제였다. 그가 다른 사람과 형제가 되는 법을 알고 있었기 때문에 나에 대한 그의 사랑이 형제가 되고자 하는 내 봉인된 명령을 성장시킬 수 있었다고 믿는다. 나는 예수회에서 전체 양성 기간 동안 가능한 조 신부 가까이 머물렀고, 몇 년 전에는 그와 함께 피정을 하러 4,000킬로미터가 넘는 여행도 마다하지 않았다.

우리는 봉인된 명령이 다른 사람들의 모범을 보고 배움으로써 성장하고 그들의 돌봄을 받을 필요가 있다고 믿기 때문에 우리를 위하여 그렇게 해 줄 사람들을 만나려고 종종 특별한 노력을 기울인다. 예를 들어, 우리(데니스와 쉴라)는 결혼 후에 콜로라도의 작은 산마을로 이사를 갔다. 우리는 집에서 책을 쓰고 세계를 돌아다니며 피정 지도를 하기 때문에 어디서나 살 수 있었다. 그런데 왜 우리는 스키 리조트에서 살기로 했을까? 심지어 우리는 스키도 타지 않는데 말이다.

이 마을에 호텔을 가진 친구 바오로와 샐리는 우리가 결혼하기 전 몇 년 동안 우리 셋이 아름다운 환경에서 글을 쓸 수 있도록 여름에 방을 무료로 빌려주었다. 여러 해를 함께하면서 우리는 바오로와 샐리의 관계가 한결같이 활기차고 생기가 넘친다는 것을 갈 때마다 느낄 수 있었다. 그들의 결혼은 깊은 우정과 더불어 우리의 가치이기도 한 남녀의 동등성에 기반을 두고 있었다.

막 결혼을 한 부부로서 우리는 행복한 결혼 생활의 기반을 닦고 싶었다. 다른 사람들에게서 무엇인가를 '얻을' 수 있다고 믿기 때문에 우리는 살 곳을 정할 때 첫 번째로 던진 질문은 '우리가 아는 사람들 중 누가 가장 행복한 부부인가?'였다. 곧바로 떠오른 부부 중 하나가 바오로와 샐리였고, 그들에게서 3.2킬로미터 떨어진 곳에 살 가치가 충분하다는 것이 결국 증명되었다. 우리의 봉인된 명령의 일부는 서로 결혼하는 것이었고, 이것을 실천하는 데 필요한 힘의 일부를 바오로와 샐리에게서 '얻었다.' 그들은 우리가 존경하는 방식으로 결혼 생활을 하고 있었기 때문이다.

존의 세례식에 온 손님들 가운데 몇몇은 우리와 함께하기 위해 약 1,600킬로미터나 떨어진 세인트루이스에서 왔다. 그들은 우리의 약혼 시절에 만든 첫 번째 집단에 속한 친구들이었고, 우리는 매년 한 번 모이는 이 집단을 위해 해마다 세인트루이스를 방문할 기회를

따로 마련한다. 첫 만남을 세인트루이스에서 가졌고, 그곳에 있던 많은 친구들 가운데 25명이 1989년 가을에 있었던 약혼 파티에 모였다. 우리는 결혼이라는 봉인된 명령을 잘 실천하기 위해 세례식 중에 기도를 통해 각 사람에게서 얻고자 하는 선물이 무엇인지 한 사람 한 사람에게 말해 주었다. 예를 들어, 짐과 메리 조는 사회 정의에 대한 강한 투신이라는 공통분모를 가지고 있었다. 결혼이라는 그들의 봉인된 명령은 멀게는 니카라과의 가난한 사람들에게까지 손을 내미는 것을 포함하는 것으로 보였다. 그들은 자녀들과 함께 니카라과에 가서 여성 조합을 만드는 것을 도왔다. 우리는 이와 같은 선물이 우리 결혼 생활에도 포함되기를 원했고 그래서 짐과 메리 조에게 그렇게 될 수 있도록 우리를 축복해 달라고 부탁했다. 이때부터 그들은 세인트루이스 연례 모임 때마다 같은 기도로 축복해 준다.

우리가 태어나기 전에 살았던 사람들도 우리의 봉인된 명령을 더 풍요롭게 해 줄 수 있다. 6장에서 언급하겠지만 그것은 선조들일 수도 있다. 또는 책을 읽을 때 그 책의 저자가 사랑하는 친구처럼 여겨질 수도 있다. 예를 들어, 나(쉴라)는 자연을 '너'Thou로 보는 것을 유다인 신학자 마틴 부버Martin Buber에게서 배웠는데, 그가 말하기를 우리는 모든 피조물과 '나와 너'I-Thou 관계를 가질 수 있다고 했다. 가톨릭 신자로서 나의 특별한 동반자는 토마스 아퀴나스 성인이다. 그는 자연을 통해 하느님이 드러난다고 보았으며, "피조물의 경이로운 따스함"을 사랑했다.[31]

아마도 특별한 동반자들이 우리와 함께 파견되었을 것이다

세인트루이스 모임의 사람들처럼 왠지 '맞아, 바로 이 사람이야.' 하고 느껴지는 친구들, 우리가 우리의 봉

---

31 Aquinas' love of created things is from G.K. Chesterton, *Saint Thomas Aquinas* (Garden City, NY: Image, 1956), p.119.

인된 명령을 어떻게 실천에 옮겨야 하는지 그 방법을 본능적으로 알고 있는 친구들을 어떻게 발견할 수 있을까? 데니스의 마음에 매우 깊은 울림을 선사한 조 시한 신부는 어떻게 데니스의 수련장으로 데니스와 같은 공동체에 있게 된 것일까? 서로 완벽하게 보완적인 봉인된 명령을 받은 마태오와 데니스는 어떻게 한 가족이 된 것일까? 결혼을 통해 개인으로서 또 부부로서 각자 봉인된 명령을 잘 수행할 수 있도록 서로를 훌륭하게 돕고 있는 쉴라와 데니스는 어떻게 상대방을 발견하게 된 것일까? 종종 우리는 살아가는 동안에 우리를 도와주는 사람들을 '우연히' 만나게 된다고 생각한다.

하지만 우리의 특별한 동반자들이 처음부터 우리와 함께 이곳으로 보내진 것이라면 어떠한가? 예수님을 위한 길을 준비하라는 봉인된 명령과 함께 세례자 요한을 먼저 보내신 것처럼, 하느님께서 우리 모두에게 함께할 사람들을 보내신 것이라면 어떠한가? 마치 세례자 요한과 예수님이 태중에 있을 때 세례자 요한이 예수님을 알아보고 태중에서 뛰논 것처럼, 우리가 누군가를 만났을 때 느끼는 울림이 바로 그가 우리를 돕도록 보내진 사람이라는 표지라면 어떠한가?

 **치유 과정**

1. 내적으로 고요해지도록 잠시 머물면서 하느님의 사랑을 들이마셔라. 지금 이 순간 당신이 아는 만큼 당신의 봉인된 명령에 집중하라.

2. 봉인된 명령을 품고 이 세상으로 오는 당신 자신을 상상하면서 하느님께서 당신과 함께 또는 당신에게 영감을 주고 격려하기 위하여 당신 앞에 보낸 사람이 있는지 여쭈어라. 그는 학교 선생님, 동료, 배우자, 저자, 조상, 당신이 좋아하는 성인 또는 성경의 인물일 수도 있다. 여러 사람이 떠오를 수도 있다.
당신도 그 선물을 받도록 축복을 받고 싶은, 각 사람에게 있는 특별한 선물은 무엇인가?

3. 그 사람(또는 그들)과 함께 있는 것을 상상하면서, 당

신이 봉인된 명령을 실천하는 데 가장 필요한 것을 그가 당신에게 주는 것을 상상하라. 그리고 작지만 어떤 식으로든 당신이 봉인된 명령을 실제로 실천하기 시작하는 것을 상상하라.

4. 원한다면 하느님께서 당신에게 영감을 주도록 보내주셨다고 믿는 사람(또는 그들)과 함께 시간을 보내라.

6장

자연을 통해 봉인된 명령을 발견할 수 있다

1장에서 언급한 것처럼 내(쉘라)가 어린아이였을 때 갈등이 잦은 집에서 벗어나 피난처로 삼은 곳은 집 근처에 있는 나무가 우거진 숲이었다. 나는 그 숲에 들어가면서 종종 특별한 나뭇잎이나 풀을 발견하곤 했다. 나는 그런 나뭇잎이나 풀을 보면서 그것이 얼마나 완전한 선함을 품고 있는지 알아차렸다. 그렇게 앉아 있으면 마치 몇 시간이 훌쩍 지나간 것 같았다. 그 나뭇잎이나 풀잎은 그 자체보다 훨씬 더 큰 어떤 존재와의 만남을 가져오는 창처럼 느껴졌다. 그러한 현존은 개인적이고 사랑에 찬 현존이었다. 때로는 또 다른 움직임, 반대 방향의 움직임을 느꼈다. 마치 그 존재가 내가 얼마나 선한지 그리고 내가 어떤 특별한 목적을 가지고 태어났는지 말해 주기 위해 나뭇잎과 풀을 통해 나를 바라보고 있다고 느꼈다. 그런 순간에 나는 자연이 나를 나로서 보아 주고 있다고 느꼈다. 나는 자연이 나를 위해 해 준 것들을 하느님의 모든 피조물에게 해 주는 것이 나의 봉인된 명령이라고 믿는다. 곧 자연 자체를 위하여 자연을 보고, 자연이 얼마나 선한지 알아차리고, 모든 것이 각기 특별한 목적을 가지고 존재한다는 것을 알아차리는 것이 나의 봉인된 명령이라고 믿는다.

자연에 대한 타고난 친밀감

우리(데니스와 쉴라)는 존을 위한 가정이 쉴라가 성장한 가정보다 좀 더 안정되고, 좀 더 사랑이 많은 곳이기를, 동시에 자연의 매력을 느낄 수 있는 곳이기를 바란다. 가끔 존이 우는 이유는 배가 고프거나 피곤해서가 아니라 바깥으로 나가고 싶어서이다. 문이 닫히고 살갗에 신선한 공기를 느끼면 바로 울음을 멈춘다. 우리 친구들은 존에게 많은 플라스틱 장난감을 선물해 주었지만 존이 가장 좋아하는 것은 자연물로 만든 것이다. 존은 밀짚으로 만든 바구니와 나무 숟가락을 가지고 노는 것을 좋아한다. 스티로폼 공이 있지만 사과나 오렌지를 굴리면서 노는 것을 더 좋아한다.

어느 날 친구가 가지고 온 꽃을 꽃병에 꽂아 부엌 조리대 위에 올려놓았다. 존이 그 꽃을 뚫어지게 바라보는 모습이 마치 온몸으로 황홀함을 만끽하고 있는 것 같았다. 존은 마치 그 꽃이 자신과 하나가 되기를 원하는 것처럼 꽃을 향하여 팔을 뻗었다. 꽃 한 송이를 주자 존은 그것을 바로 먹어 버렸다. 그때부터 존이 기어 다니다가 멈추기를 가장 좋아하는 장소 중 하나가 거실 구석에 있는 제라늄 화분이 되었다.

우리는 존에게서 매우 두드러지게 나타나는 자연에 대한 친밀감을 모든 아이들이 지니고 태어난다고 믿는다. 아이들은 선천적으로 피조물과의 건강한 관계에 대한 감각이 있다. 음식을 예로 들어 보겠다. 벤저민 스포크 박사에 의하면 "아이들은 정상적인 성장 발달을 위하여 그들에게 어떤 종류의 음식이 얼마나 필요한지를 저절로 알 수 있는 선천적 고성능 장치를 가지고 있다."[32] 쓸데없는 간섭을 받지 않고, 그들이 무엇을 언제 먹기를 원하는지 스스로 결정하도록 허용된다면 아이들은 다양한 음식을 제공받았을 때 아주 어린 아이조차 이러한 선천적 장치를 통해 균형 있는 식단을 선택할 것이다. 이것은 아마도 다음과 같은 이유일 것이라고 브라이언 스윔은 말한다.[33]

…먹는다는 것은 기억한다는 것이다. …생리학적 행동 패턴은 많은 경우에 자연 식품이 제공하는 복합 화학 물질의 영향을 받는다. 생리학적 과정은 몸이 선조의 유산을 기억하는 방법이며, 이 유산은 기억을 위하여 특정 자연식품을 필요로 한다. 곡식, 콩과 식물, 신선한 고기, 채소를 먹음으로써 몸 자신이 지닌 능력을 기억하도록 돕는다. 이것은 낡은 앨범을 훑어볼 때 일어나는 현상과 비슷하다. 사진이 온갖 기억의 문을 열어 주고, 마

음은 되살아난 과거의 기억으로 흘러넘칠 것이다.

스윔은 음식처럼 운동도 역시 기억과 관련이 있다고 한다.[34]

운동은 우리에게 선조에 대한 기억을 되살려 준다. 우리 몸은 우리가 나무가 있는 숲에서 살았던 것을 기억한다. 지적 · 정서적 · 영적 능력을 발달

---

32 Dr. Benjamin Spock, *Baby and Child Care* (New York: Pocket Books, 1985), p.79. Jane Hirschmann, "Raising Children Free of Food and Weight Problems," *Mothering* (Summer, 1989), pp.27-31. Aletha Solter, *The Aware Baby* (Go leta, CA: Shining Star Press, 1984), pp.114-120, 124. 알레타 솔터는, 유아에게는 건강한 음식을 선택하는 능력이 내재되어 있는데 설탕과 같은 가공식품은 그 능력에 해로운 영향을 미친다는 경고에 덧붙여 '유아가 어떤 방식으로든 간섭을 받지 않는다면' 유아 스스로 균형 있는 음식을 선택할 수 있음을 강조한다. 유아가 적절한 양육을 못 받으면, 즉 지나치거나 부족해서 어른의 감언이설에 넘어가 어떤 음식을 먹도록 강요를 받으면 스스로 몸에 필요한 것이 무엇인지 아는 능력을 잃어버리게 된다.

33 Brian Swimme, *The Universe Is a Green Dragon* (Santa Fe, NM: Bear & Co, 1985), pp.105-106.

34 Brian Swimme, *op. cit.*, p.106.

시키려면 우리는 기고, 오르고, 달릴 필요가 있다.

먹는 것과 운동하는 것이 우리가 어디에서 왔는지를 기억하는 것이라면 우리 대부분은 어떻게 그것을 잊어버리게 되었을까? 건강한 음식에 대한 아이들의 선천적인 지혜는 설탕과 같은 인공 식품의 섭취 등 다양한 경로로 손상될 수 있다. 이와 비슷하게 건강한 소리, 감촉, 이미지 등에 대한 선천적 지혜는 교통 소음, 대량 생산된 합성 제품, 텔레비전 화면 등에 의해 손상될 수 있다. 이러한 인공적 감각 체험은 자연적인 것을 알아차리고 환영하는 우리의 타고난 능력을 혼란스럽게 한다. 우리 대부분은 성장기가 끝날 즈음, 자연과의 연결성을 상실하고 자연의 소리를 듣는 것은 힘들다고 느낀다. 하지만 쉴라의 예처럼 여전히 자연은 우리에게 우리의 봉인된 명령을 드러내 보여 줄 수 있다.

선조란 인간만을 의미하지 않는다

우리(데니스와 마태오)는 어머니의 선조가 살았던 아일랜드의 글렌달로그Glendalough를 방문했을 때 봉인된 명령을 좀 더 이해하게 되었다. 성 케빈 성당에 들어가 보니 성당은 기도하는 사람들로 가득했다. 우리는 자녀와 손주들을 위하여 기도하는 할머니 할아버지들을 보았다. 그리고 눈에 보이지는 않지만 과거에 그곳에서 기도했던 수많은 세대의 선조가 그들과 함께하고 있다고 느꼈고, 그들 역시 자손들을 위하여 기도하고 있다는 것을 깨달았다. 우리는 하느님께 우리 선조를 주신 것에 감사드렸으며, 선조에게는 외가 쪽에서 내려오는 모든 선함을 물려받을 수 있도록 전구해 주시기를 부탁드렸다. 이 여행 전 5년 동안 우리는 5개국에서 피정 지도를 했다. 여행 후에는 5년 동안은 30개국에서 피정 지도를 했다. 그 과정을 되돌아보면서 아일랜드 수사들이 예수님의 치유하는 사랑을 유럽을 비롯해 세상 여러 곳에 전파하기 위하여 출항한 곳이 바로 글렌달로그였다는 것을 깨달았다. 이 수사들은 우리처럼 특별히 화해와 치유를 위하여 일하였다.

우리는 글렌달로그의 데니스와 마태오의 선조들처럼 모든 선조가 봉인된 명령을 발견하도록 도와준다고 믿는다. 하지만 제임스 힐만의 말처럼 우리의 선조란 인간 선조만을 의미하지 않는다.[35]

> 다른 여러 사회에서 선조는 나무, 곰, 연어, 죽은 사람, 꿈속 영, 귀신이 나올 것 같은 어떤 특별한 장소 등을 의미할 수 있다. …선조는 인간의 육신을 가진 존재에만 국한되지 않는다. 따라서 당연히 혈통에 의해 이어지는 자연적인 가족 집단의 선조만을 의미하지는 않는다.

숲속에 있을 때나 시냇가에 앉아 있을 때 우리는 마치 고향에 돌아온 것처럼 느낄 때가 종종 있는데, 어쩌면 이것이 그 이유일지도 모른다.

인생길을 잃은 많은 사람들이 자연과의 만남을 통해

다시 길을 찾을 수 있었다. 예를 들어, 문제가 많은 사춘기 청소년들이 아웃워드 바운드 프로그램[36]에 참여하여 자연 속에서 야생을 만끽하고 마지막으로 혼자 자연에 귀를 기울이며 24시간을 보내는 과정을 통해 도움을 받았다. 캐서린 스니드는 샌프란시스코의 주립 교도소에서 죄수들을 위하여 정원 가꾸기 프로그램을 시작했다.[37] 많은 죄수들이 이 프로그램에 참여하여 작은 묘목을 어떻게 돌보아야 하는지 배우면서, 살아 있는 모든 것은 돌봄을 받을 자격이 있다는 것을 깨달았다. 그들은 더 이상 다른 사람에게도 그들 자신에게도 해를 끼칠 수 없었고, 그들 중 많은 이들이 출소 후 교도소에서 익힌 원예 기술로 의미 있는 일을 찾을 수 있

---

35 James Hillman, *The Soul's Code* (New York: Random House, 1996), p.89. p.75.

36 Outward Bound program – 1930년대 스코틀랜드에서 시작된 비영리 아웃도어 교육 기관으로, 대자연 속에서 얻는 자아 발견과 심신의 정화를 목표로 이루어지는 체험 교육이다. – 옮긴이 주

37 Carol Olwell (ed.), "Catherine Sneed's story," *Gardening from the Heart* (Berkeley, CA: Antelope Island Press, 1990), pp.155-162.

었다. 칼 메닝거Karl Menninger 박사는 토피카에 있는 메닝거 클리닉에서 정신과 환자들을 위하여 원예 심리 치료를 도입했다. 때로 자연은 인간이 홀로 삶의 길을 찾을 수 없을 때 그 길을 찾도록 도와준다. 이렇게 모든 피조물은 하나도 예외 없이 우리에게 물려줄 무엇인가를 가지고 있다.

> 문화사에서 아주 오래전으로 거슬러 올라갔을 때 최초의 교사는 동물이었다고 한다. 우리는 최초의 언어와 춤, 의식, 무엇을 먹고 무엇을 먹지 말아야 하는지에 대한 정보를 동물을 통해 알게 되었고, 그 정보는 우리의 행동에 영향을 미쳤다.

예수님도 자연을 통해 배울 것이 있다는 것을 알고 계셨다. 예수님은 청중을 가르치기 위해 자주 비유를 사용하셨는데, 자연을 예로 드는 경우가 많았다. 예를 들어, 예수님은 우리에게 걱정하지 말라고 하신다. "까마귀들을 살펴보아라. 그것들은 씨를 뿌리지도 않고 거두지도 않을 뿐만 아니라 골방도 곳간도 없다. 그러나 하느님께서는 그것들을 먹여 주신다."(루카 12.24) 예수님은 불타는 덤불, 구름 등을 통해 들려오는 하느님의 가르침을 경험했던 유다 가문 출신이었다.

교회의 가장 위대한 신학자 토마스 아퀴나스 성인은 그리스도인을 위한 계시의 원천을 두 가지로 언급했다.[38] 그것은 성경과 자연이다. 그는 모든 피조물이 '적극적으로' 하느님을 드러내 보이며, 하느님의 현존으로 빛나고, 하느님의 선하심에 대하여 역설하고 있다고 말했다. 성경에서는 하느님의 영광을 의미하기 위해 그리스어 'doxa'가 쓰였는데, 이 말은 모든 피조물 안에서 빛나는 하느님의 신성한 광채를 의미한다. 현대 과학이 모든 피조물은 빛의 근원이며, 말 그대로 빛이 나는 광자 photons를 가지고 있다는 것을 발견함으로써 이것이 사실임을 확인했다. 20세기 최고의 물리학

---

38 Chesterton, *op. cit.*, Chapters 3 & 4.

자 가운데 한 사람인 데이비드 봄David Bohm은 이 물질을 "얼어붙은 빛frozen light"이라고 불렀다.[39] 모든 것 안에서 하느님의 현존을 발견하는 것이 영성의 근본이었던 이냐시오 성인은 이와 같은 물리학적 발견을 자신만의 방법으로 이해했을 것이다.[40]

하느님은 자연을 통해 우리에게 말씀하신다

때로 하느님께서는 우리가 자신의 삶 안에서 봉인된 명령을 발견하도록 돕기 위해 세상에 존재하는 동물이나 다른 여러 피조물을 통해 말씀하신다. 예를 들어,

---

39 Matthew Fox, "Exploring the Cosmic Christ Archetype," audio tape published by Friends of Creation Spirituality, Oakland, CA.
40 Louis J. Puhl (ed.), *The Spiritual Exercises of St. Ignatius* (Chicago: Loyola University Press, 1951), No. 39, pp.235-236.

나(데니스)는 쉴라와 결혼을 앞두고 식별을 위하여 온타리오의 예수회 피정의 집에서 30일 피정을 했다. 나는 예수회 사제로서 매우 심각한 결정에 직면하고 있었다. 나는 예수회뿐 아니라 더 나아가 그리스도교 공동체에 투신하기로 한 나의 약속에 대하여 책임을 지고 싶었다.

또한 내가 느꼈던 두 가지 두려움은 결혼이 나의 봉인된 명령의 일부인지 아닌지 주의 깊게 듣는 것을 방해했다. 결혼을 선택할 경우에 그것을 용납하지 못하는 사람들을 불쾌하게 만들까 봐 두려웠고, 결혼해서 생계를 꾸려 나가고 세금을 납부하는 등 실생활적인 일들, 곧 예수회 사제일 때는 필요 없던 일들이 두려웠다.

형제가 되고자 하는 내 봉인된 명령의 어두운 측면은, 내가 어떤 상황에서나 모든 사람에게 형제가 되기 위하여, 누구에게도 불쾌감을 주지 않기 위하여 너무 많이 애를 쓰고 또 그렇게 애쓰기를 원한다는 것이다. 이와 같이 봉인된 명령을 수행하기 위해서 우리에게 주어진 선물을 지나치게 사용하거나 반대로 충분히 사용하지 않을 때 그 선물은 우리 인격에 그림자를 형성하는 영향을 끼친다. 나는 여러 해 동안 키가 큰 나무에 매력을 느꼈다. 나는 그 나무가 내가 스스로 부족하다고 느끼는 힘과 용기를 계속 유지해 주는 동시에 어떻게 하면 형제가 될 수 있는지 가르쳐 주는 것 같았다. 피정을 하면서 다른 사람들을 불쾌하게 만드는 것에 대한 두려움에 직면할 때마다 키가 큰 나무들을 오랫동안 바라보았다. 내가 무엇을 할 수 있을지 다양한 선택을 생각해 보는 동안 매일 나 자신에게 한 가지 질문을 던졌다. '키가 큰 나무처럼 되기 위하여 오늘 나에게 도움이 되는 것은 무엇인가?' 나는 키 큰 나무처럼 느껴지고 싶었다. 결국 나는 결혼에 관한 내 결정의 토대는 그것이 무엇이든 이 느낌과 일치하는 것이며, 따라서 내가 키 큰 나무처럼 봉인된 명령에 더 깊이 뿌리를 내려 다른 사람들에 의해 쉽게 흔들리지 않도록 도와주는 것임을 깨달았다.

두 번째 두려움은 결혼에 동반되는 실제적인 책임에 관한 것이었다. 어느 날 커다란 창문 앞에 앉아 드넓은 농장에 눈송이가 사뿐히 내려앉는 것을 보면서 나는 설경이 가져오는 평화를 느꼈다. 평화로운 들판이 나에게 말하는 것 같았다. "우리는 당신의 형제자매에요. 우리가 이 모든 세월 동안 돌봄을 받은 것처럼 당신도 그럴 거에요." 나는 온몸으로 어떤 변화를 느꼈다. 등이 바로 펴지는 것 같았고 키가 더 커지는 것 같았다. 마치 내 몸의 모든 세포가 그 평화로운 들판이 주는 메시지를 믿는 것 같았다. 이제 나는 결혼에 대해 자유롭게 생각할 수 있게 되었다(지금은 매년 소득세를 내는 시기가 돌아오면 그때의 그 눈 내리는 장면을 회상한다). 나는 내 두려움의 원인이 된 모든 상처를 치유하려고 애쓰면서 여러 해를 보냈을 수도 있다. 하지만 그렇게 했어도 이 짧은 순간에 자연이 나에게 해 준 것들을 얻을 수 있었을지는 의문스럽다.

마침내 나는 봉인된 명령이 결혼을 포함한다고 결론을 내렸다. 그리고 1989년 쉴라와 결혼했고, 아이를 낳으려고 여러 해 노력한 후에 우리는 입양에 대하여 생각하게 되었다. 어느 날 오후 나는 쉴라와 함께 아이를 입양하는 것에 대한 두려움을 느끼면서 뒤뜰에 앉아 있었다. 그때 사슴 한 마리가 언덕에서 내려와 3미터 정도 거리에 멈추어 섰다. 사슴은 마치 우리와 소통에 열중하는 듯 아주 오래 거기 서서 우리를 지켜보았다. 아버지는 생전에 사슴을 무척 좋아하셨기 때문에 우리는 그 사슴이 한 달 전에 돌아가신 아버지로부터 메시지를 가지고 왔다고 느꼈다. 마치 아버지가 "두려워하지 말고 입양을 하렴." 하고 말하는 것 같았다.

다음 날 우리는 입양 기관에 전화해 준비가 되었다고 말하였다. 우리 집은 원래 아이가 아니라 손님을 위해 지어졌기 때문에 우리는 아이를 기다리는 동안 집에 별도의 작은 공간을 만들기 시작했다. 증축되는 공간을 통해 우리는 시멘트, 나무, 못 등과 같은 물질들이 아이를 위한 우리의 꿈을 표현하도록 했다. 이 증축 공사에 참여한 사람들은 우리 집에 매주 잠시 들르는 친구들이었으므로, 이 프로젝트를 완성하는 데 거의 1년이 걸렸다. 우리는 영화 '꿈의 구장'Field of Dreams에 나오는 "당신이 그것을 지으면 그가 올 거예요."라는 대사를 떠올렸다. 우리는 입양 진행 과정에 대하여 묻는 사람들에게 "이 공간이 완성되면 아이가 올 거예요."라고 대답하고 있다는 것을 깨달았다. 5월 20일에 최종적으로 준공 검사를 통과했고, 5월 22일에 입양 기관에서 존이 입양될 준비가 되었다고 알려 왔다. 그날 밤 우리는 존을 데려왔다.

대자연은 우리의 봉인된 명령의 일부이다

 위에서 언급한 결혼에 대한 식별 과정이나 아이를 기다리는 경험을 살펴보면, 우리가 봉인된 명령을 깨닫는 과정과 그 명령을 실천하도록 도와주는 과정에 자연이 매우 밀접하게 연관되어 있다는 것을 알 수 있다. 또한 우리가 봉인된 명령을 진정으로 이해한다는 것은 직접적으로든 간접적으로든 세상에 대한 돌봄을 의미하는 것으로 보인다. 봉인된 명령은 하느님께로부터 온다. 세상은 하느님의 현존으로 가득 차 있으므로, 하느님께서는 우리를 이 세상에 보내실 때 우리가 그 현존을 해칠 수 있는 것은 그 어떤 것도 하기를 원하지 않으신다. 우리는 자연에서 진화했으므로 자연은 우리의 원천이기도 하다. 우리의 봉인된 명령은 부분적으로는 그러한 자연을 대변하는 것이다.

우리 세대는 모든 생명과 연대하고 있음을 인식해야 할 특별한 책임이 있을 수 있다. 제임스 힐만은 생태학적 재앙은 다음과 같은 신념에서 비롯된다고 말한다.[41]

> …나의 정체성 형성과 관련해서 저 바깥 세상에 있는 것들은 나의 가까운 가족에 비해 그다지 중요한 요인이 아니다. …이러한 심리학적 오류가 바로잡혀야만, 다문화와 환경 보호를 위한 사랑에 찬 캠페인, 현장 학습, 평화봉사단, 야생 조류 관찰, 고래의 노래 등이 나를 근본적으로 세상과 다시 연결해 줄 수 있다.

6장의 핵심은 우리가 특별한 애착이나 연대감을 느끼는 자연에 귀를 기울이는 것이 봉인된 명령을 발견하는 방법 중 하나라는 것이다. 그리고 발견한 명령을 실천하는 것이 세상을 돌보는 것과 일치한다면 우리는 자신의 봉인된 명령이 무엇인지 제대로 이해한 것이다.

세상은 매우 큰 위험에 처해 있어서 내 작은 노력으로 무엇이 달라지겠는가라고 자문할 것이다. 시애틀의 전임 교구장 레이몬드 헌타우젠Raymond Hunthausen 대주교는 그가 좌절감을 느꼈을 때 그를 다시 일어나게 해 준 진박새와 야생 비둘기에 관한 이야기를 들려주었다.[42]

> 진박새가 야생 비둘기에게 물었다. "눈송이 하나는 얼마나 무겁지?"

---

41 Hillman, *op. cit.*, p.87.
42 Kathleen Fischer & Thomas Hart, "Archbishop Hunthausen's story," *Facing Discouragement* (Mahwah, NJ: Paulist Press, 1997), p.53.

야생 비둘기가 대답했다. "무게가 나가지 않아."
진박새가 말했다. "그렇다면 놀라운 이야기를 해 줄게. 나는 전나무 가지에 앉아 있었어. 나무 몸통 가까이에. 그때 눈이 오기 시작했어. 눈이 많이 오지는 않았어. 대단한 눈보라가 치지도 않았어. 그냥 꿈을 꾸는 것 같았고, 어떤 거친 움직임도 없었어. 그냥 아무 할 일이 없던 나는 내가 앉아 있는 가지의 잔가지들과 솔잎에 내려앉는 눈송이를 세어 보았어. 정확히 3,741,952개였어. 그런데 다음 순간 눈송이가 하나 더 내려앉자 가지가 부러져 버렸어. 네 말대로라면 눈송이 하나는 아무것도 아니었는데 말이야.

이렇게 말하고 진박새는 날아가 버렸다. 노아 시대부터 그 문제에 관한 권위자였던 비둘기는 그 이야기에 대하여 잠시 생각해 보고 마침내 자기 자신에게 이렇게 말했다. "아마도 이 세상에 평화가 도래하지 않는 것은 단 한 사람의 목소리가 부족해서일 거야."

 **치유 과정**

1. 마음이 고요해지도록 잠시 머물며, 하느님의 사랑을 들이마셔라. 지금 당신이 알고 있는 만큼 당신의 봉인된 명령, 곧 삶의 목적을 인식하라.

2. 당신이 봉인된 명령을 가지고 이 세상에 오는 것을 상상하면서, 하느님께서 당신에게 영감을 주고 격려하기 위하여 당신과 함께 또는 당신보다 먼저 보내신 피조물이나 자연이 있는지 자문해 보라. 그것은 동물, 좋아하는 나무, 시냇물, 돌, 또는 당신에게 특별한 뜰의 한구석, 자연과 하나가 되는 느낌을 주는 곳 등 무엇이든 될 수 있다.
그 피조물은 각각 특별한 선물을 가지고 있고, 당신은 그 선물들로 격려와 축복을 받고 싶다. 각각의 피조물은 어떤 특별한 선물을 가지고 있는가?

3. 당신이 그 피조물 또는 자연환경 속에 있다고 상상

하고, 그것이 당신이 봉인된 명령을 수행하는 데 가장 필요한 것들을 주고 있는 것을 보라. 그런 다음, 아주 작고 초보적인 방법처럼 보여도 당신이 어떤 식으로든 봉인된 명령을 실제로 수행하고 있는 모습을 상상하라.

4. 가능하면 하느님께서 당신에게 영감을 주기 위하여 이곳으로 보내셨다고 믿는 피조물과 함께 또는 그러한 장소에서 시간을 보내라.

7장

상처를 치유하기

우리가 전혀 상처를 받지 않는다면 모두 각자 고유한 방식으로 하느님의 사랑을 주고받는 데 완전히 자유로울 것이다. 그리고 우리 삶의 고유한 목적이 우리를 통해 자유롭게 흘러갈 수 있을 것이다. 그러나 태어난 지 몇 달 되지도 않은 존조차 이미 상처를 받고 있다. 태중에서 이미 몇 가지 무섭고 충격적인 일들을 경험했다. 존은 미숙아로 태어났고, 침습성이 높은 의료 테스트를 받았다. 존이 신생아로 우리에게 처음 왔을 때 마치 또다시 자신을 해치려고 하는 것에서 피하려는 듯, 두 손은 주먹을 꼭 쥐고 두 발은 바짝 움츠러져 있었다. 그의 몸은 상처가 우리에게 어떤 영향을 주는지 보여 주는 것 같았다. 상처는 전 존재를 위축시켜 더 이상 생명력이 우리를 통해 자유롭게 흘러가지 못하게 한다. 에너지가 자기 방어에 다 쓰이고 삶의 목적을 수행하기 위해 필요한 에너지는 거의 남아 있지 않게 된다. 그러나 상처들이 치유되면 우리가 존에게서 목격한 것처럼 내면에서 위축된 것들이 풀리고, 개인의 고유한 잠재력이 되살아난다.

조건 없는 사랑이 우리의 상처를 어루만져 치유하도록 허락하는 만큼 상처의 치유를 경험할 수 있다. 예를 들어, 마틴 루서 킹Martin Luther King Jr.의 아버지 대디 킹Martin Luther King Sr.은 어린 시절 백인을 싫어했다. 어린 대디 킹은 자신의 어머니가 청소부로 일하는 백인 가족의 아이들과 놀았다. 그러나 식사 시간이 되면 백인 아이들은 식당으로 들어갔고, 그는 뒤쪽 계단에서 혼자 먹어야 했다. 세 살밖에 되지 않았지만 그때부터 그에게 굴욕감을 선사한 백인들을 싫어하기로 마음먹었다. 그가 열다섯 살이 되던 어느 날 교회에 들어가면서 십자가를 올려다보았는데, 예수님께서 말씀하시는 것을 들었다. "너의 원수들을 사랑하라. 그리고 너를 싫어하는 사람들에게 선행을 하여라." 사랑의 힘으로 그의 증오심은 녹아내렸고, 눈물을 흘리면서 백인들을 용서하기 시작했다.

대디 킹은 인종 차별이라는 상처를 용서하는 이 능력을 아들 마틴에게 물려주었고, 마틴은 비폭력과 용서를 기반으로 하는 시민 평등권 운동을 시작했다. 아들 마틴 루서 킹이 살해당했을 때 평화에 대한 그의 비전도 순식간에 사라져 버릴 수 있었다. 그러나 대디 킹은 가족들을 한자리에 모아 그들 모두가 살인범을 용서하지 않으면 마틴의 비전은 마틴의 죽음과 함께 죽고 말 것이라고 말했다. 가족들은 용서할 수 있을 때까지 함께 울고 슬퍼하고 기도했다. 이렇게 마틴의 가족은 비폭력에 대한 헌신으로 다시 한 번 하나가 되었다. 그들의 이러한 헌신은 계속되어, 마틴의 아들은 아버지의 살해범인 제임스 얼 레이James Earl Ray가 이미 유죄 판결을 받았지만, 레이가 죽기 몇 달 전에 그를 위한 재판을 다시 열어 달라고 간청하였다.[43]

---

43 BBC documentary.

대디 킹이 백인을 용서하는 법을 배우지 못했다면 미국에서 시민 평등권 운동이 일어날 수 있었을까? 킹의 가족이 공유했던 봉인된 명령은 비폭력을 통한 인종 정의racial justice의 증진을 포함하며, 대디 킹은 그들이 가는 길에 장애가 되는 상처를 치유하는 데 중요한 역할을 한 것으로 보인다.

봉인된 명령을 실천함으로써 상처를 치유할 수 있다

대디 킹의 이야기는 우리가 삶의 목적을 실천하기 전에 상처를 치유할 필요가 있음을 강조한다. 하지만 킹의 가족은 그들의 상처를 치유하는 과정에서도 자신들의 봉인된 명령의 큰 부분인 화해라는 선물을 사용했다. 아주 일상적이고 평범한 방법으로라도 봉인된 명령을 실천하기 시작하면 우리는 종종 그 과정을 통해 상처 치유에 필요한 생명력을 얻게 된다.

예를 들어, 데니스와 쉴라가 결혼을 했을 때 나(마태오)는 큰 충격을 받았다. 데니스와 나는 예수회 공동체에서 27년을 함께 살고 함께 일했다. 쉴라가 우리와 함께 일하기 시작한 후 우리 셋은 한 팀이 되어 모든 피정을 함께 지도했다. 나는 그들 없이 일하는 것이 상상이 되지 않았지만, 동시에 우리가 계속 함께 일하는 것도 더 이상 가능해 보이지 않았다. 나는 팀의 일원으로서 피정의 삼분의 일을 지도할 수는 있었지만 혼자서 모든 것을 다할 자신은 없었다. 무엇보다도 나 자신의 상처가 너무 깊어서 피정 지도를 하다가 그 고통에 빠져 버릴 것만 같아 상처 치유를 위한 피정을 지도하기가 두려웠다.

나는 여러 해 동안 나의 봉인된 명령의 실천을 가장 잘 도와주는 활동이 치유에 관한 책들을 저술하고 피정을 지도하는 것이라고 거의 확신하고 있었지만, 그때는 모든 일정을 취소하고 싶었다. 특히 스페인어를 사용하는 공동체의 피정이 더 그랬다. 그들은 데니스와 쉴라가 결혼을 했다는 이유로 피정 지도에 참여하는 것을 원하지 않았다. 나는 데니스와 쉴라가 환영받지 못하는 곳에 가고 싶지 않았다. 무엇보다도 나보다 데니스와 쉴라의 스페인어가 훨씬 더 유창하므로 그들이 가지 않으면 애초에 피정 지도 요청에 응하지 않았을 것이다.

나는 전화를 해서 취소하려고 애를 썼지만 진행자는 이미 공지가 되었고 그들은 나만 믿고 있다고 말했다. 혼자서 스페인어로 피정 강론을 할 수 없다고 하자 그들은 내가 영어로 말하면 그들이 통역을 할 것이라고 나를 안심시켰다. 나는 3일 일찍 갈 테니 스페인 가족의 집에 머물게 해 달라고 요청했다. 스페인어를 할 수는 없어도 적어도 그들의 말을 이해할 만큼은 스페인어를 연습할 시간을 가지고 싶었다.

나는 영어를 전혀 못하는 나이 든 부부, 라울 페르난데스와 마리아 페르난데스의 집에 머물렀다. 나는 그들에게 사랑받는다는 느낌을 강하게 받았고, 그로 인해 안도감을 느낄 수 있었으며, 미숙한 스페인어에 대한 걱정을 덜하게 되었다. 라울에게 내가 모임에서 영어를 사용할 수 있어서 얼마나 안심이 되는지 모르겠다고 말했을 때 라울의 대답은 나에게 충격을 주었다. 공동체 지도자들은 결국 내가 스페인어로 강론하기를 바라고 있으며, 그것은 통역을 통해서 듣는 것보다 그들의 모국어로 들어야 내 마음속에 있는 것을 직접적으로 느낄 수 있기 때문이라고 했다. 그들에게는 그것이 완벽한 문법보다 더 중요했다.

두렵고 불안했지만 나는 라울과 마리아에게서 너무도 많은 사랑을 받아 스페인어로 강론을 하는 데 동의했다. 다음 날 1,000여 명의 관중 앞에 서서 서투른 스페인어로 강론을 하면서 내가 그들과 연결된 느낌을 받는 것에 놀랐다. 강론을 마쳤을 때 우레와 같은 박수 소리가 들렸다. 나는 엄청나게 많은 포옹과 함께 스페인어를 사용하는 다른 여러 공동체를 위한 피정 지도를 요청받았다. 포옹 하나하나가 자신감을 회복시켜 주었고, 나 혼자 지도하는 피정이 셋이 함께 지도하는 피정만큼 훌륭한지 그렇지 못한지 걱정하지 않았다. 또한 나의 고통에 압도될까 걱정하지 않으면서 변함없이 나의 봉인된 명령을 수행할 수 있게 되었다. 중요한 것은 내가 세상에 온 목적이라고 이해하는 것을 이루기 위해 모험을 하고, 또한 그날 그랬던 것처럼 사랑을 주고받는 고유한 방식인 나의 봉인된 명령이 계속해서 나를 치유하도록 허용해 주는 모험을 하는 것이었다. 그리고 결국 데니스와 쉴라와 나는 전보다 훨씬 더 풍요로운 방식으로 계속해서 함께 우리의 사도직을 해 나갈 수 있게 되었다.

이제 나는 상처를 입고 나의 봉인된 명령을 실행하는 능력이 마비된 것처럼 느껴질 때마다 하느님께서 그 스페인어 피정에서 어떻게 나를 치유해 주셨는지 기억한다. 그리고 하느님께서는 또다시 같은 방법으로 나를 자유롭게 해 주실 수 있음을 상기한다. "하느님을 사랑하는 이들, 그분의 계획에 따라 부르심을 받은 이들에게는 모든 것이 함께 작용하여 선을 이룬다는 것을 우리는 압니다."(로마 8,28)라는 말이 나에게 새로운 의미로 다가온다. 이제 나는 이 말씀이 하느님께서는 개개인에게 고유한 목적을 부여하시고, 그 선한 목적을 달성하시기 위해 우리의 상처와 실수를 이용하신다는 뜻임을 이해한다.

가장 큰 결점이 봉인된 명령을 드러내기도 한다

하느님께서는 우리의 봉인된 명령을 위해서 상처와 실수까지도 이용하신다는 이 약속은 또한 우리의 가장 큰 결점이 복된 죄felix culpa 또는 축복이 될 수 있다는 것을 의미한다. 나의 가장 큰 결점은 완벽주의이다. 그래서 나는 예를 들면, 스페인어로는 열 배의 실수를 할 것을 알았기 때문에 피정을 취소하고 싶어 했다. 나와 같은 완벽주의자는 실수를 하는 위험을 무릅쓸 수 없다.

그러나 실수를 하고 스스로 스페인어 공동체의 사랑을 받도록 허용하면서, 내가 추구하면서도 싫어했던 바로 그 완벽주의에 사랑이 스며드는 것을 받아들이기 시작했다. 나는 완벽주의의 기저가 된 상처 곧 어린 시절 올바르게 하지 못했을 때 사랑받는다는 느낌을 받지 못했던 상처에 대한 치유를 경험했다. 라울과 마리아와 그들의 친구들에게서 조건 없이 사랑받는 느낌을 받았기 때문에, 나는 완벽한 스페인어를 구사하는 것보다 치유적인 방법으로 나의 마음을 나누는 것에 더 큰 관심을 갖기 시작했다. 항상 정확해야 하는 나의 완벽주의적 욕구는, 실수를 무릅쓰면서까지 나의 봉인된 명령을 실행하고자 하는, 곧 온전하게 만들고자 하는 사랑스러운 욕구로 거듭날 수 있었다. 그러므로 나의 가장 큰 결점과 봉인된 명령은 동전의 양면과도 같다고 할 수 있다.

결점은 우리의 가장 큰 선물이 상처로 인해서 왜곡된 방식으로 드러나는 것일 뿐이므로, 봉인된 명령을 알아내는 하나의 단서는 종종 자기 자신에 대하여 싫어하는 어떤 것일 수 있다. 예를 들어, 나(데니스)는 다른 사람들의 기분을 나쁘게 하지 않으려고 안간힘을 쓰는 경향이 있다고 앞에서 언급했는데, 이것은 형제가 되고자 하는 봉인된 명령의 근본적 동력이 왜곡되어 발현된 것이다. 내(쉴라)가 나 자신에 대하여 가장 적게 좋아하는 점은 다른 사람의 필요와 문제에 지나치게 민감해지는 경향이 있다는 것이다. 그런데 여기에 쓰이는 에너지는 내가 매우 민감하게 피조물을 돌볼 수 있게 해 주는 에너지와 동일하다.

우리는 각자 자신이 가장 덜 사랑하는 면과 근본적인 상처를 사랑이 어루만져 주도록 자신을 내어 놓음으로써, 우리 자신의 봉인된 명령에 대하여 더 잘 인식하게 되고, 그것을 수행할 수 있는 능력을 가지게 된다. 따라서 봉인된 명령보다 결점이 더 분명해 보이면, 당신 자신에게 다음과 같은 두 가지 질문을 던져 본다. "내가 나 자신에 대하여 가장 덜 좋아하는 면은 무엇인가?" "내가 이러한 결점을 지닌 채 사랑을 받는다고 느낀다면 결점에 사용된 것과 같은 에너지를 이번에는 다른 사람과 사랑을 주고받기 위해서 어떻게 사용할 것이라고 상상하는가?" 우리의 결점과 그 밑바닥에 있는 상처에 사랑이 스며들도록 허용할 때 우리는 자유로워지고 따라서 결점이 드러나는 데 쓰였던 에너지를 봉인된 명령을 수행하는 데 사용할 수 있게 된다.

 **치유 과정**

1. 마음이 고요해지도록 잠시 머물며 하느님의 사랑을 들이마셔라. 지금 당신이 알고 있는 만큼 당신의 봉인된 명령을 느껴 보라.

2. 깊이 사랑을 받고 당신의 고유한 삶의 목적을 수행하는 데 자유롭다고 느꼈던 때를 회상하라. 그 사랑을 들이마시고 그 사랑이 다시 한 번 당신을 가득 채우도록 심호흡을 하라.

3. 이제 상처를 입고 사랑을 주고받는 당신의 고유한 방법을 상실했다고 느꼈던 때를 회상하라. 그 상처와 관련된 감정이 있는지 살펴보고, 스스로 그 감정을 느끼도록 하라.

4. 그러한 감정들을 수정하거나 바꾸려고 애쓰지 말고

온전히 느끼면서, 당신에 대한 하느님의 사랑을 받아들이도록 하라. 이렇게 하면, 당신의 고유한 삶의 목적을 수행할 수 있다고 느꼈던 깊은 사랑의 순간으로 돌아갈 수 있을 것이다. 이제 심호흡을 하며 그 사랑을 상처 안으로 깊이 들이마셔라.

5. 당신의 봉인된 명령은 당신이 사랑을 주고받으면서 이 상처를 계속 치유하도록 도와줄 것이다. 이제 그 봉인된 명령을 어떻게 수행할 수 있는지 그 방법에 관하여 숙고해 보라.

8장

성경과 전승에 나타난 봉인된 명령

그리스도인의 가장 본질적인 경험은 세례이다. 1장에서 언급한 것처럼 우리는 세례가 봉인된 명령에 관한 것이라고 믿는다. 세례식은 그리스도 공동체 안으로 예수님의 또 다른 얼굴, 또 다른 선물이 들어오는 것을 기념하는 것이다. 우리 개개인은 교회로 하여금 예수님의 충만함을 발견하도록 돕는 하나의 초상임을 기념하는 것이다. 우리 중 누군가가 태어나지 않았다면 전체 그리스도교 공동체는 예수님을 경험하는 특별한 방식 가운데 무엇인가를 놓쳤을 것이다. 우리의 봉인된 명령은 개개인이 드러내는 예수님의 고유한 어떤 측면에 이름을 붙이는 방법이라고 할 수 있다.

물, 흰옷, 성유, 초와 같은 세례의 상징들은 각각에 동반되는 기도문들을 통해 예수님의 또 다른 얼굴이 태어났음을 기념한다. 예를 들어, 존의 대부모가 세례식 초에 불을 붙일 때 나(데니스)는 기도문을 읽었다. 세례의 초는 예수님께서 세상의 빛이시며 존도 "너희는 세상의 빛이다."(마태 5,14)라는 말씀처럼 세상의 빛이라는 것을 상징한다. 그리고 기도문은 공동체가 그것을 기억하도록 돕는다. 세례식의 초가 켜진 다음 우리는 세례식에 온 사람들이 모두 초를 들도록 초대했다. 그렇게 촛불을 들고 그들은 존을 빛을 가져오는 사람으로, 혹은 예수님의 얼굴을 가져오는 사람으로, 그들이 존에게서 느끼는 대로 각자의 특별한 방식으로 존을 축복했다. 다시 말해, 그들은 존의 봉인된 명령을 축복했다.

세 복음서에서 예수님의 세례는 예수님의 공생활 시작을 의미하고 그분의 봉인된 명령에 대한 헌신을 상징한다. 복음서는 우리가 하느님께서 다스리시는 나라에서 새로운 방식으로 살도록 힘을 주시고 격려하시는 것이 당신의 봉인된 명령이었던 예수님께서 그것을 어떻게 발견하고 실천하셨는지에 관한 이야기이다.

예수님은 사람들이 원하는 바를 거의 의식적으로 선

택하지 못하는 세상에 태어나셨다. 예수님이 태어나신 세상은 힘 있는 소수가 나머지 모든 사람의 삶을 통제하는 폭력과 위압의 세상이었다. 반면 하느님 나라의 통치는 사랑과 평등과 나눔에 기초한 삶의 방식을 의미했다. 예수님의 봉인된 명령에는 우리가 이러한 방식으로 살도록 힘을 주시는 것이 포함되어 있는 것 같다.

우리 가운데 아무도, 예수님조차 공동체의 지지 없이 봉인된 명령을 실천할 수 없다. 예수님의 세례는 봉인된 명령을 수행하기 위하여 다른 사람들에게서 힘을 얻는 방식이었다. 예수님께 세례를 드린 요한은 예수님께 필요한 사람이었다. 세례자 요한은 그가 살고 있는 시대의 지배 체제를 꿰뚫어 보고 그의 민족이 필요로 하는 구세주를 선포한 예언자였다. 유다 민족에게 물은 이집트 노예 생활에서 탈출을 상징했으므로 요한은 물로 세례를 주었다. 요한에게 예수님의 세례는 바로 예수님께서 우리가 폭력과 위압에 기초한 삶의 방식을 버리고 사랑과 평등과 나눔이 있는 약속의 땅으로 들어가도록 힘을 주시기 위해 오셨다는 것을 의미한다. 요한

이 예수님께 세례를 드리면서 그분을 위해서 했던 것을 우리는 세례를 받는 공동체의 새로운 구성원을 위해서 한다. 곧 우리는 그 사람이 하느님의 나라를 위해 고유한 헌신을 하는 데 필요한 것을 받도록 축복하고, 우리가 사는 동안 그를 지지할 것을 약속한다.

존의 세례식에서 우리는 손님들이 각자 어떤 고유한 방식으로 존의 멘토가 될 수 있는지 인식할 수 있도록 그들 자신의 봉인된 명령을 느끼도록 초대했다. 심리치료사인 친구는 "나는 존이 다른 사람을 마음으로 품는 법을 배우도록 격려하고 싶어."라고 말했다. 레스토랑을 여러 개 운영하는 시동생 마이크는 "이 집안의 누군가는 그 아이에게 사업에 대해서 가르쳐야 해."라고 말했다.

이름으로 부르다

명명하는 것은 어떤 세례식에서나 핵심 요소이다.

주례자는 부모에게 "이 아이를 어떤 이름으로 부르겠습니까?" 하고 묻는다. 우리 문화에서 이름은 때로 최근 유행에 따라 선택된다. 또 때로는 성인이나 특별한 사람을 기념하거나 기억하기 위하여 선택된다. 이를테면, 존 마태오는 데니스의 두 형제의 이름에서 따왔다. 그러나 성서 시대에는 그 사람의 본질을 표현하기 위한 이름이 선택되었다. 성서학자 존 매켄지는 다음과 같이 말한다.[44]

> …이름은 한 사람을 다른 사람과 구분하기 위한 인위적인 표지 그 이상으로 여겨진다. 이름은 그 이름을 가진 사람의 신비적 정체성을 내포한다. 그리고 이름은 그 사람을 대신하여 그 사람을 보여 주는 것으로 여겨질 수 있다. 많은 경우에 이름은 의미를 가지고 있다. 곧 이름은 그 사람을

---

44 John L. McKenzie, S.J., *Dictionary of the Bible* (New York: Macmillan, 1965), p.603.

다른 사람과 구분해 줄 뿐 아니라, 그 사람이 어떤 사람인지를 말해 주는 것으로 여겨진다.

그러므로 히브리 문화에서 이름을 지어 준다는 것은 그 사람의 본질인 정체성을 부여한다는 것을 의미했다. 이사야가 "주님께서 나를 모태에서부터 부르시고 어머니 배 속에서부터 내 이름을 지어 주셨다."(이사 49,1)라고 할 때 그는 태어나기 전에 하느님께서 그의 본질을, 우리 용어로 말하면 봉인된 명령을 주셨다고 말하고 있는 것이다.

세례자 요한이 태어나기 전에 가브리엘 천사는 그의 아버지 즈카르야에게 아기의 이름을 알려 주었다. '요한'은 "주님께서 은총을 베푸시다"라는 뜻이다. 요한의 봉인된 명령은 우리에게 구세주를 보내시는 하느님의 은총을 선포하는 것이었다. 예수님이 태어나시기 전에 가브리엘 천사는 마리아에게 아들은 예수라 불릴 것이라고 알려 주었다. '예수'의 의미는 "주님께서 구원하시다"이다. 예수님의 봉인된 명령은 세상의 구원자가 되는 것이었다.

이것은 세례자 요한과 예수님처럼 우리도 태어나기 전에 하느님께서 우리의 이름을 부르셨을 때 우리에게 지구의 그 누구와도 구분되는 고유한 존재로 만드는 본질 곧 봉인된 명령을 주셨다는 것을 의미한다. 성서 시대에는 이름이 그 사람의 고유한 사명과 매우 밀접하게 연결되어 있었으므로, 어떤 사람이 하느님께 사명을 받을 때 새로운 이름을 부여받기도 했다. 즉 아브람은 민족의 아버지라는 의미의 아브라함이 되었고, 시몬은 바위라는 의미의 베드로가 되었다.

부모로서 우리(데니스와 쉴라)의 가장 중요한 책임 가운데 하나는 존이 자신의 진정한 이름을 찾도록 도와주는 것이라고 믿는다. 우리는 예수회 버트 텔렌Bert Thelen 신부에게서 들은 「영신 수련」 요약을 좋아한다.[45] 버트 신부는 영신 수련이 우리 자신의 이름, 하느님께서 우

---

45 1991년 7월 마케트 대학Marquette University에서 열린 예수회 모임Jesuit Reunion 강연에서.

리를 부르시는 그 특별한 이름을 찾는 것에 관한 것이라고 했다. 이냐시오 성인은 모든 사람이 그 이름을 찾을 능력이 있다고 굳건히 믿었다. 그는 청소하는 여인이 최선을 다하여 귀를 기울이면 수년간 기도에만 매진한 신비가만큼 분명하게 하느님의 말씀을 들을 수 있다고 생각했다.[46]

3장에서 우리는 성찰에 관하여 언급했다. 이냐시오 성인도 예외 없이 모든 사람이 성찰에 관하여 배울 것을 권고하는 것으로 「영신 수련」을 시작한다. 이냐시오 성인은 성찰을 영성 생활의 매우 근본적인 요소로 이해했다. 그래서 트렌트 공의회에 참석한 예수회원들이 기도할 시간을 거의 갖지 못했을 때 그들에게 성찰을 제외하고 다른 것은 다 건너뛸 수 있다고 말했다. 허버트 알폰소에 따르면, 성찰의 진짜 목적은 하느님께서 우리에게 부여하신 특별한 이름에 따라 어느 정도까지 살고 있는지 자신에게 매일 물어보는 것이다.[47] 예를 들어, 나(데니스)는 매일 성찰을 할 때 다음과 같이 자문한다. "오늘 언제 나는 형제로서 나 자신을 가장 깊게 경험하였는가?" "오늘 언제 나는 형제로서 나 자신을 가장 적게 경험하였는가?" 우리의 '이름'은 매일 그리고 평생 우리에게 방향타 역할을 해 줄 수 있다.

아마도 영원하신 하느님께서 우리의 봉인된 명령에 관하여 우리와 나누신 대화 속에는 "내가 너를 어떤 이름으로 부르면 좋을까?"와 같은 내용이 포함되어 있었을 것이다. 우리는 자신에게 이렇게 묻는다. "하느님께서는 나를 어떤 이름으로 부르시는지 듣고 있는가?" 데니스는 '형제', 마태오는 '치유자', 쉴라는 '피조물에 대한 사랑'이라는 이름을 듣는다. 하느님께서는 집으로 돌아온 당신을 맞이하며 어떤 이름으로 당신을 부르실까?

---

46 우리 각자를 위한 하느님의 뜻이나 특별한 이름은 매우 본질적인 것이므로 하느님께서는 그것을 당사자에게 드러내 보이려 하신다. 하느님의 말씀을 알아듣는 데 청소부보다 신비가가 더 많은 시간과 방법을 가지고 있을 수 있지만, 하느님께서는 개인에게 각자 자신이 할 수 있는 최선을 다하기를 요청하신다. Jules Toner, S.J., *Discerning God's Will* (St. Louis: Institute of Jesuit Sources, 1991), pp.312-315.Reunion 강연에서.
47 Herbert Alphonso, S.J., *op. cit.*, pp.64. 83-91.

 **치유 과정**

1. 마음이 고요해지도록 잠시 머물며 하느님의 사랑을 들이마셔라.

2. 누군가가 당신의 이름을 사랑스럽게 불렀던 때를 기억하라. 당신은 아마도 부모, 조부모, 배우자, 특별한 친구 등을 생각할 것이다. 그 사람과 함께 있다고 상상하고 그 사람이 당신의 이름을 불렀을 때의 다정한 목소리를 다시 한 번 들어 보라.

3. 이제 당신이 태어나기 전에 하느님과 함께 있는 당신 자신을 상상하라. 당신은 봉인된 명령에 동의한 후 이 세상으로 막 보내지려고 한다. 하느님께서 당신의 봉인된 명령이 들어 있는 봉투를 건네신다. 봉투에는 무슨 이름이 적혀 있는가?

4. 이 이름을 당신 자신에게 말해 주어라. 하느님께서 그 이름으로 당신을 부르셨을 때를 상상하며 당신도 그런 강렬함과 느낌으로 그 이름을 부를 수 있을 때까지 필요한 만큼 자주 불러 주어라.

그룹 나눔

다음은 가족, 본당 스터디 그룹, 예비 신자 모임, 12단계 회복 모임, 재소자 모임, 청년 모임, 집단 심리 치료 등 다양한 집단에서 이 책을 사용할 때 참고할 수 있다. 3장에서 8장까지 총 여섯 장을 다루기 위해 전체 과정을 여섯 회기로 구성할 수도 있고, 각 집단의 필요에 따라 다양하게 조정할 수도 있다. 모임에 참여하는 사람은 각자 이 책을 가지고 있어야 하겠다.

한 회기는 1시간 반에서 2시간 정도 걸린다. 어떻게 진행할지는 필요에 따라 다양하게 변화시킬 수 있다. 보통 일주일에 한 번 모임을 갖지만 모임의 빈도는 필요에 따라 달라질 수 있다. 격주로 만날 수도 있고, 주말에 한 번 모여서 여러 회기를 진행할 수도 있다.

 **I 그룹 모임**

A **시작 기도** (5분)

B **해당되는 장을 읽거나 돌아보기** (15-30분)
 (첫 모임은 3장으로 시작하고, 참석 전에 머리말과 1장, 2장을 읽고 온다.)
 매 회기마다 해당되는 장의 내용을 돌아보고, 그 회기를 마무리하기 전에 각 장의 안내에 따라 치유 과정을 경험하도록 한다.

C **침묵** (3분)
 해당되는 장의 어느 부분이 당신의 마음을 가장 깊이 움직였는지 느끼기 위하여 조용한 시간을 갖는다.

D 안내에 따라 일기 쓰기 (10분 또는 안 할 수도 있다.)

1. 마음에 있는 것을 적는다. 가장 깊이 느끼는 것이 무엇인지 당신의 가장 친한 친구에게 편지를 쓰듯이 적는다. 그 친구는 예수님, 하느님 또는 당신이 이해하는 대로의 신^{God}일 수도 있다. '올바른' 낱말을 선택해야 한다고 걱정하지 말고 마음으로 느끼는 것만을 쓰려고 노력한다. 편지쓰기보다 그림을 그리는 것이 더 도움이 되면 그렇게 한다.

2. 이제 하느님께서 당신에게 무엇이라고 응답하시는지 내면으로부터 들려오는 하느님의 말씀을 느껴본다. 당신이 글이나 그림으로 표현한 것에 대한 예수님이나 하느님의 가장 사랑에 찬 응답은 무엇인지 여쭈어본다. 그러면 내면에서 들려오는 하느님의 목소리를 들을 수 있을 것이다.

3. 하느님의 응답을 적는다. 그것은 한 단어, 한 문장 또는 하나의 단순한 그림일 수도 있다. 당신이 사랑받는 존재라는 사실을 당신에게 더 잘 알게 해 주는 것이면, 글이든 그림이든 적어도 그것은 하

느님께서 당신에게 하시고자 하는 말씀의 일부라고 확신해도 좋다.

E 동료 나눔 (각자 최소 5분)

(오늘 다루는 장과 지난 한 주간 집에서 경험한 것에 관하여 각자 어떻게 반응했는지 나눈다.) 두 번째 모임까지 함께 나누고, 함께 기도할 동료를 1-2명 선택하고, 가능하면 그룹 모임이 다 끝날 때까지 함께한다.

1. 오늘 다루는 장에서 마음에 와닿은 것을 원하는 만큼 동료와 나눈다. 안내에 따라 일기 쓰기를 할 때 적은 글이나 그림이 있으면 그것에 관하여 나눌 수도 있다.
2. 지난주 모임 후에 집에서 경험한 것 특히 당신의 기도와 일기에 관하여 동료와 나눈다.
3. 지금 가장 감사하는 것이 무엇인지 그리고 하느님의 어떤 도움이 필요한지 동료와 나눈다.

F 동료 기도 (한 사람을 위한 기도 시간 5–10분)

동료를 위해서 예수님 또는 하느님께서 어떻게 기도하실지 상상하여 그와 같이 기도한다. 동료가 가장 감사하게 여기는 것에 관하여 감사의 기도를 하고, 그가 가장 절실하게 원하는 도움을 얻도록 기도한다.

G 전체 나눔 (할지 말지 선택 가능, 최소 15분)

오늘 다룬 내용에 관하여 어떻게 느끼고 생각하는지, 그리고 지난주 모임 후 집에 돌아가서 어떤 경험을 했는지 나눈다. 일기에 적은 것을 나눌 수도 있다.

H 마무리 친교와 다과의 시간

서로의 만남을 즐기고 계속적인 나눔을 할 수 있도록 자유 시간을 갖는다.

 II 그룹 모임을 위하여 집에서 하는 준비

A **매일의 치유 기도** (10분 또는 원하는 만큼)

  매일 그 주에 다룰 장을 읽으며 그 장 끝에 있는 치유 과정을 실천한다. 예를 들어, 첫째 주에는 매일 3장을 읽으며 치유 과정을 실천하고, 둘째 주에는 매일 4장을 읽으며 치유 과정을 실천한다.

B **일기 쓰기** (10분)

1. 글을 쓰면서 또는 그림을 그리면서, 이 치유 과정 중이나 오늘 하루 중에 언제 당신의 마음이 가장 깊이 움직였는지 예수님이나 하느님께 말씀드린다.

2. 말씀드린 것에 대하여 예수님이나 하느님께서 어떻게 응답하시는지 일기장에 쓰거나 그린다. 자신이 상상할 수 있는 가장 사랑에 찬 응답을 쓰거나 그리는 것이 곧 하느님의 응답을 가장 잘 느낄 수

있는 방법 가운데 하나이다.

옮긴이

김인호

대전교구 사제(2003년 수품)로 이탈리아 로마의 그레고리안 대학교에서 심리학 석사 학위를 받았다. 대전 삼성동 본당 주임 신부를 거쳐 현재 대전 가톨릭대학교 교수로 있다. 서울대교구 영성 심리 상담 교육원, 문화 영성 대학원, 대전 가톨릭대학교 부설 혼인과 가정 대학 등에서 강의하고 있다.

장미희

충남대학교 영어 영문학과를 졸업하고 영국 University of East London에서 상담 및 심리 치료 석사 학위를 받았다. 대전 성모여자고등학교에서 영어를 가르쳤으며, 영국 Institute of St. Anselm에서 Integrative Spiritual Counselling 상담사 및 상담 슈퍼바이저 자격을 획득하고, 동 기관에서 개인 및 집단 상담사, 상담 슈퍼바이저로 일했다. 현재 서울대교구 영성 심리 상담 교육원에서 가톨릭 상담 봉사자 양성을 위한 교육 및 상담을 하고 있다.